Entwurf eines Gesetzes,

betreffend

die Abänderung von Arbeiter-versicherungsgesetzen.

Berlin SW. 48
Wilhelmstr. 119 120.
J. Guttentag, Verlagsbuchhandlung.
1896.

Entwurf eines Gesetzes,

betreffend die

Abänderung von Arbeiterversicherungsgesetzen.

Wir **Wilhelm**, von Gottes Gnaden Deutscher Kaiser, König von Preußen 2c.,

verordnen im Namen des Reichs, nach erfolgter Zustimmung des Bundesraths und des Reichstags, was folgt:

Artikel I.

Das Gesetz, betreffend die Invaliditäts- und Altersversicherung, vom 22. Juni 1889 (Reichs-Gesetzbl. S. 97) wird in der aus der Anlage ersichtlichen Weise abgeändert.

Artikel II.

Durch Bestimmung der Landes-Zentralbehörde kann für das Gebiet des betreffenden Bundesstaates oder für Theile desselben angeordnet werden, daß die zur Durchführung der Invaliditäts- und Altersversicherung errichteten Schiedsgerichte auch für die Unfallversicherung in land- und forstwirthschaftlichen Betrieben, sowie bei den für eigene Rechnung ausgeführten Bauarbeiten des Bundesstaates, der Verbände und Korporationen zuständig sein sollen, welche auf Grund des § 4 Ziffern 2 und 3 des Bau-Unfallversicherungsgesetzes vom 11. Juli 1887 die Unfallversicherung selbständig durchführen. Diese Anordnungen sowie der Zeitpunkt ihres Inkrafttretens sind von der Landes-Zentralbehörde durch das zu ihren amtlichen Bekanntmachungen bestimmte Blatt, sowie in sonst geeigneter Weise zu veröffentlichen und dem Reichskanzler mitzutheilen.

Soweit solche Anordnungen getroffen werden, treten § 49 Abs. 1, §§ 50 bis 53, § 54 Abs. 2 bis 5, § 105 des Gesetzes vom 5. Mai 1886 (Reichs-Gesetzbl. S. 132) sowie § 47 des Gesetzes vom 11. Juli 1887 (Reichs-Gesetzbl. S. 287) und § 6 des Gesetzes vom 28. Mai 1885 (Reichs-Gesetzbl. S. 159), soweit sich diese Vorschriften auf die Schiedsgerichte des Staats und der bezeichneten Verbände beziehen, außer Kraft.

1*

Die Kosten des Schiedsgerichts und des Verfahrens vor demselben werden auf die an demselben betheiligten Versicherungsanstalten, Berufsgenossenschaften und sonstigen Verbände unter Berücksichtigung der Zahl der in den beiden letzten Kalenderjahren vor Inkrafttreten dieses Gesetzes für die betheiligten Stellen entschiedenen Streitfälle nach näherer Bestimmung der Landes-Zentralbehörde vertheilt.

Artikel III.

Die Bestimmungen der Anlage treten, soweit sie sich auf die Herstellung oder Veränderung der zur Durchführung der Invaliditäts- und Altersversicherung erforderlichen Einrichtungen beziehen, mit dem Tage der Verkündung dieses Gesetzes in Kraft.

Im übrigen tritt dieses Gesetz sowie die Anlage mit dem . . . . in Kraft.

Sofern bis zu diesem Zeitpunkt die Statuten der Versicherungsanstalten die nach der Anlage erforderlichen Aenderungen nicht rechtzeitig erfahren sollten, werden diese Abänderungen durch die Aufsichtsbehörde mit rechtsverbindlicher Wirkung von Aufsichtswegen vollzogen. Bei den besonderen Kasseneinrichtungen kommt die selbständige Durchführung der Invaliditäts- und Altersversicherung mit dem Zeitpunkt des Inkrafttretens dieses Gesetzes, sofern deren Statuten bis dahin die erforderliche Abänderung nicht erfahren haben, in Fortfall.

Artikel IV.

Bei Bemessung der Invalidenrente wird für Beiträge der IV. Lohnklasse, welche bis zum Inkrafttreten dieses Gesetzes entrichtet sind, der bisherige Steigerungssatz von 13 ₰ beibehalten.

Bei Bemessung der Altersrente kommen für Personen, welche schon vor dem Inkrafttreten dieses Gesetzes versichert waren, die Bestimmungen des Gesetzes vom 22. Juni 1889 zur Anwendung, sofern sich aus denselben für diese Personen eine höhere Altersrente ergiebt, als nach den Bestimmungen dieses Gesetzes. Dabei werden jedoch auch vor dem Ablauf des Jahres 1900 die Steigerungssätze zu Grunde gelegt, welche den nach dem Inkrafttreten des Gesetzes vom 22. Juni 1889 entrichteten Beiträgen entsprechen, und zwar, wenn die Beiträge in verschiedenen Lohnklassen entrichtet sind, im Verhältniß der Zahl der in den einzelnen Lohnklassen entrichteten Beiträge (§ 159 a. a. O.).

Urkundlich 2c.

Gegeben 2c.

Invaliditäts- und Altersversicherungsgesetz.

I. Umfang und Gegenstand der Versicherung.

§ 1.

Versicherungspflicht.

Nach Maßgabe der Bestimmungen dieses Gesetzes werden vom vollendeten sechzehnten Lebensjahre ab versichert:

1) Personen, welche als Arbeiter, Gehilfen, Gesellen, Lehrlinge oder Dienstboten gegen Lohn oder Gehalt beschäftigt werden;

2) Betriebsbeamte sowie Handlungsgehilfen und -Lehrlinge (ausschließlich der in Apotheken beschäftigten Gehilfen und Lehrlinge), welche Lohn oder Gehalt beziehen, deren regelmäßiger Jahresarbeitsverdienst an Lohn oder Gehalt aber zweitausend Mark nicht übersteigt, sowie

3) die gegen Lohn oder Gehalt beschäftigten Personen der Schiffsbesatzung deutscher Seefahrzeuge (§ 2 des Gesetzes vom 13. Juli 1887, Reichs-Gesetzbl. S. 329) und von Fahrzeugen der Binnenschiffahrt, **Schiffsführer jedoch nur dann, wenn ihr regelmäßiger Jahresarbeitsverdienst an Lohn oder Gehalt zweitausend Mark nicht übersteigt.** Die Führung der Reichsflagge auf Grund der gemäß Art. II § 7 Abs. 1 des Gesetzes vom 15. März 1888 (Reichs-Gesetzbl. S. 71) ertheilten Ermächtigung macht das Schiff nicht zu einem deutschen Seefahrzeug im Sinne dieses Gesetzes.

§ 1a.

Der Versicherungspflicht unterliegen nicht Personen, welche Lohnarbeit nur in bestimmten Jahreszeiten für wenige Wochen übernehmen, im übrigen aber ihren Lebensunterhalt als Betriebsunternehmer oder anderweit selbständig erwerben oder ohne Lohn oder Gehalt im Betriebe des Familienhaupts thätig sind.

Der Bundesrath ist befugt, hierüber nähere Bestimmungen zu erlassen.

§ 2.

Durch Beschluß des Bundesraths kann die Vorschrift des § 1 für bestimmte Berufszweige auch

1) auf Betriebsunternehmer welche nicht regelmäßig wenigstens einen Lohnarbeiter beschäftigen, sowie

2) ohne Rücksicht auf die Zahl der von ihnen beschäftigten Lohnarbeiter auf solche selbständige Gewerbetreibende, welche in

eigenen Betriebsstätten im Auftrage und für Rechnung anderer Gewerbetreibenden mit der Herstellung oder Bearbeitung gewerblicher Erzeugnisse beschäftigt werden (Hausgewerbetreibende),

erstreckt werden, und zwar auf letztere auch dann, wenn sie die Roh- und Hilfsstoffe selbst beschaffen, und auch für die Zeit, während welcher sie vorübergehend für eigene Rechnung arbeiten.

Durch Beschluß des Bundesraths kann ferner bestimmt werden, daß und inwieweit Gewerbetreibende, in deren Auftrag und für deren Rechnung von Hausgewerbetreibenden (Absatz 1) gearbeitet wird, gehalten sein sollen, rücksichtlich der Hausgewerbetreibenden und ihrer Gehilfen, Gesellen und Lehrlinge die in diesem Gesetze den Arbeitgebern auferlegten Verpflichtungen zu erfüllen.

§ 3.

Als Lohn oder Gehalt gelten auch Tantièmen und Naturalbezüge. Für dieselben wird der Durchschnittswerth in Ansatz gebracht; dieser Werth wird von der unteren Verwaltungsbehörde festgesetzt.

Eine Beschäftigung, für welche als Entgelt nur freier Unterhalt gewährt wird, gilt im Sinne dieses Gesetzes nicht als eine die Versicherungspflicht begründende Beschäftigung.

Durch Beschluß des Bundesraths wird bestimmt, inwieweit vorübergehende Dienstleistungen als Beschäftigung im Sinne dieses Gesetzes nicht anzusehen sind.

§ 4.

Beamte des Reichs und der Bundesstaaten, die mit Pensions**anwartschaft** angestellten Beamten von Kommunalverbänden, Personen des Soldatenstandes, welche dienstlich als Arbeiter beschäftigt werden, **sowie** Personen, welchen auf Grund dieses Gesetzes eine Invalidenrente **bewilligt worden ist**, unterliegen der Versicherung nicht.

Dasselbe gilt für diejenigen Personen, welche infolge ihres körperlichen oder geistigen Zustandes dauernd nicht mehr im stande sind, durch eine ihren Kräften und Fähigkeiten entsprechende Lohnarbeit, **die ihnen unter billiger Berücksichtigung ihrer Vorbildung und bisherigen Berufsthätigkeit zugemuthet werden kann, für jeden Werktag durchschnittlich täglich** mindestens ein Drittel des für ihren Beschäftigungsort nach § 8 des Krankenversicherungsgesetzes (Reichs-Gesetzbl. **1892** S. **417**) festgesetzten **ortsüblichen** Tagelohns gewöhnlicher Tagearbeiter zu verdienen.

Solche Personen, welche**n** vom Reich, von einem Bundesstaate oder einem Kommunalverbande Pensionen oder Wartegelder wenigstens im Mindestbetrage der Invalidenrente **bewilligt worden sind**, oder welchen auf Grund der reichsgesetzlichen Bestimmungen über Unfallversicherung der Bezug einer jährlichen Rente von mindestens demselben Betrage zusteht, sind auf ihren Antrag von der Versicherungspflicht zu befreien. **Dasselbe gilt von solchen Personen, welche, ohne Invalidenrente zu beziehen, das siebenzigste**

Lebensjahr zurückgelegt haben. Ueber den Antrag entscheidet die untere Verwaltungsbehörde des Beschäftigungsortes. Gegen den Bescheid derselben ist die Beschwerde an die zunächst vorgesetzte Behörde zulässig, welche endgültig entscheidet.

§ 5.

Besondere Kasseneinrichtungen.

Andere als die unter § 4 erwähnten Personen, welche in Betrieben des Reichs, eines Bundesstaats oder eines Kommunalverbandes beschäftigt werden, genügen der gesetzlichen Versicherungspflicht durch Betheiligung an einer für den betreffenden Betrieb bestehenden oder zu errichtenden besonderen Kasseneinrichtung, durch welche ihnen eine den reichsgesetzlich vorgesehenen Leistungen gleichwerthige Fürsorge gesichert ist, sofern bei der betreffenden Kasseneinrichtung folgende Voraussetzungen zutreffen:

1) Die Beiträge der Versicherten dürfen, soweit sie für die Invaliditäts- und Altersversicherung in Höhe des reichsgesetzlichen Anspruchs entrichtet werden, die Hälfte des für den letzteren nach § 20 zu erhebenden Beitrags nicht übersteigen. Diese Bestimmung findet keine Anwendung, sofern in der betreffenden Kasseneinrichtung die Beiträge nach einem von der Berechnungsweise des § 20 abweichenden Verfahren aufgebracht und infolge dessen höhere Beiträge erforderlich werden, um die der Kasseneinrichtung aus Invaliden- und Altersrenten in Höhe des reichsgesetzlichen Anspruchs obliegenden Leistungen zu decken. Sofern hiernach höhere Beiträge zu erheben sind, dürfen die Beiträge der Versicherten diejenigen der Arbeitgeber nicht übersteigen.

2) Bei Berechnung der Wartezeit und der Rente ist den bei solchen Kasseneinrichtungen betheiligten Personen, soweit es sich um das Maß des reichsgesetzlichen Anspruchs handelt, unbeschadet der Bestimmung des § 32 die bei Versicherungsanstalten (§ 41) zurückgelegte Beitragszeit in Anrechnung zu bringen.

3) Ueber den Anspruch der einzelnen Betheiligten auf Gewährung von Invaliden- und Altersrente muß ein schiedsgerichtliches Verfahren unter Mitwirkung von Vertretern der Versicherten zugelassen sein.

Der Bundesrath bestimmt auf Antrag der zuständigen Reichs-, Staats- oder Kommunalbehörde, welche Kasseneinrichtungen (Pensions-, Alters-, Invalidenkassen) den vorstehenden Anforderungen entsprechen. Den vom Bundesrath anerkannten Kasseneinrichtungen dieser Art wird zu den von ihnen zu leistenden Invaliden- und Altersrenten der Reichszuschuß (§ 26 Abs. 3) gewährt, sofern ein Anspruch auf solche Renten auch nach den Vorschriften dieses Gesetzes bestehen würde.

§ 6.

Von dem Inkrafttreten dieses Gesetzes ab wird die Betheiligung bei solchen vom Bundesrath zugelassenen Kasseneinrichtungen der Versicherung in einer Versicherungsanstalt gleichgeachtet. **Die Bestimmungen des § 4 Absatz 3 finden auf die Mitglieder solcher Kasseneinrichtungen Anwendung.** Die nach Maßgabe dieses

Gesetzes zu gewährenden Renten werden auf die dabei in Betracht kommenden Versicherungsanstalten und Kasseneinrichtungen nach näherer Bestimmung der §§ 27, 65, **90**, 94 vertheilt.

Wenn bei einer solchen Kasseneinrichtung die Beiträge nicht in der nach §§ 99 ff. vorgeschriebenen Form erhoben werden, hat der Vorstand der Kasseneinrichtung den aus der letzteren ausscheidenden Personen die Dauer ihrer Betheiligung und für diesen Zeitraum die Höhe des bezogenen Lohnes, die Zugehörigkeit zu einer Krankenkasse, sowie die Dauer etwaiger Krankheiten (§ 17) zu bescheinigen. Der Bundesrath ist befugt, über Form und Inhalt der Bescheinigung Vorschriften zu erlassen.

§ 7.

Durch Beschluß des Bundesraths kann auf Antrag bestimmt werden, daß und inwieweit die Bestimmungen des § 4 Abs. 1 auf Beamte, welche von anderen öffentlichen Verbänden oder Körperschaften mit Pensions**anwartschaft** angestellt sind, sowie **daß** die Bestimmungen der §§ 5 und 6 auf Mitglieder anderer Kasseneinrichtungen, welche die Fürsorge für den Fall der Invalidität **und** des Alters zum Gegenstande haben, Anwendung finden sollen.

§ 8.

Freiwillige Versicherung.

Personen, **welche aus einem die Versicherungspflicht begründenden Arbeits- oder Dienstverhältniß ausgeschieden sind, sind befugt, die Versicherung freiwillig fortzusetzen oder zu erneuern (§ 32). (Freiwillige Fortsetzung der Versicherung.)**

Personen, auf welche die Versicherungspflicht gemäß § 2 Abs. 1 durch Beschluß des Bundesraths erstreckt **werden darf,** sind, **solange dies nicht geschehen ist** und **solange** sie das vierzigste Lebensjahr noch nicht vollendet haben, **befugt, freiwillig in die Versicherung einzutreten (Selbstversicherung). Dies gilt auch für diejenigen Personen, welche auf Grund der §§ 1a und 3 Abs. 2 oder der vom Bundesrath gemäß § 3 Abs. 3 erlassenen Bestimmungen der Versicherungspflicht nicht unterliegen.**

Die freiwillige Versicherung (Absatz 1 und 2) ist ausgeschlossen, sobald die Erwerbsunfähigkeit thatsächlich ein Jahr gewährt hat (§ 10) oder dauernde Erwerbsunfähigkeit im Sinne des § 4 Abs. 2 **eingetreten ist.**

§ 9.

Gegenstand der Versicherung.

Gegenstand der Versicherung ist der Anspruch auf Gewährung einer Rente **für den Fall der Erwerbsunfähigkeit oder des Alters.**

Die Rente erhält ohne Rücksicht auf das Lebensalter derjenige Versicherte, welcher **im Sinne des § 4 Abs. 2** dauernd erwerbsunfähig ist (**Invalidenrente**), **sowie** ohne **Rücksicht auf das Vorhandensein von** Erwerbsunfähigkeit derjenige Versicherte, welcher das siebzigste Lebensjahr vollendet hat (**Altersrente**).

Bei Ansprüchen auf Invalidenrente kommt für die Beurtheilung des Maßes der noch vorhandenen Erwerbsfähigkeit (§ 4 Abs. 2) der ortsübliche Tagelohn desjenigen Orts in Betracht, an welchem der Versicherte während des letzten Kalenderjahres vor dem Eintritt der Erwerbsunfähigkeit beschäftigt worden ist. Fand die Beschäftigung während dieses Zeitraums an verschiedenen Orten statt, so wird der Durchschnitt der für dieselben festgesetzten ortsüblichen Tagelöhne nach Verhältniß der Dauer der Beschäftigung an den einzelnen Orten zu Grunde gelegt. Diese Bestimmung findet entsprechende Anwendung, wenn während der Dauer der in Betracht kommenden Zeit an den einzelnen Orten eine Veränderung der festgestellten Lohnsätze in Kraft getreten ist.

§ 10.

Invalidenrente erhält auch derjenige nicht dauernd erwerbsunfähige Versicherte, welcher während eines Jahres ununterbrochen erwerbsunfähig gewesen ist, für die weitere Dauer seiner Erwerbsunfähigkeit.

§ 11.

Ein Anspruch auf Invalidenrente steht denjenigen Versicherten nicht zu, welche erweislich die Erwerbsunfähigkeit sich vorsätzlich oder bei Begehung eines durch strafgerichtliches Urtheil festgestellten Verbrechens zugezogen haben.

§ 12.

Ist ein Versicherter dergestalt erkrankt, daß als Folge der Krankheit Erwerbsunfähigkeit zu besorgen ist, welche einen Anspruch auf reichsgesetzliche Invalidenrente begründet, **so** ist die Versicherungsanstalt befugt, **zur Abwendung dieses Nachtheils ein** Heilverfahren in dem **ihr geeignet erscheinenden** Umfange **eintreten zu lassen.**

Macht die Versicherungsanstalt von dieser Befugniß Gebrauch, so gehen bei Versicherten, welche der reichsgesetzlichen Krankenfürsorge unterliegen, vom Beginn dieses Heilverfahrens an bis zu dessen Beendigung die Ansprüche und Verpflichtungen aus der Krankenversicherung auf die Versicherungsanstalt über.

Die Versicherungsanstalt, **welche ein Heilverfahren eintreten läßt,** ist befugt, die Fürsorge für den **Erkrankten** der Krankenkasse, welcher er angehört oder zuletzt angehört hat, in demjenigen Umfang **zu übertragen,** welchen die Versicherungsanstalt für geboten erachtet. Die Kosten dieser von ihr beanspruchten Fürsorge hat die Versicherungsanstalt zu ersetzen. Als Ersatz dieser Kosten ist die Hälfte des nach dem Krankenversicherungsgesetz zu gewährenden

Mindestbetrages des Krankengeldes zu leisten, sofern nicht höhere Aufwendungen nachgewiesen werden.

Bei Uebernahme des Heilverfahrens Erkrankter ist der Versicherungsanstalt deren Unterbringung im Krankenhause unter den im § 7 des Krankenversicherungsgesetzes vorgesehenen Voraussetzungen, sowie dann gestattet, wenn der Erkrankte sich bereits früheren, zum Zweck des Heilverfahrens von der Versicherungsanstalt getroffenen Maßregeln entzogen hat.

Die vorstehend aufgeführten Befugnisse stehen der Versicherungsanstalt auch gegen den Empfänger einer Invalidenrente zu, wenn Grund zu der Annahme vorliegt, daß er bei Durchführung des Heilverfahrens die Erwerbsfähigkeit wieder erlangen wird.

Bei Unterbringung des Rentenempfängers im Krankenhause wird jedoch eine Unterstützung für seine Angehörigen gemäß § 7 Abs. 2 des Krankenversicherungsgesetzes nicht gezahlt.

Wird der Versicherte infolge der Krankheit erwerbsunfähig, so verliert er, falls er sich den **vorstehend** bezeichneten Maßnahmen entzogen hat, den Anspruch auf Invalidenrente, sofern anzunehmen ist, daß die Erwerbsunfähigkeit durch dieses Verhalten veranlaßt ist. **Hat sich ein Empfänger von Invalidenrente solchen Maßnahmen der Versicherungsanstalt entzogen, so kann er der Rente für verlustig erklärt werden, sofern anzunehmen ist, daß die Wiedererlangung der Erwerbsfähigkeit durch sein Verhalten vereitelt worden ist (§§ 33, 85).**

Streitigkeiten, welche aus diesen Bestimmungen zwischen den Versicherungsanstalten und den Versicherten entstehen, werden von der Aufsichtsbehörde der Versicherungsanstalten entschieden. Streitigkeiten, **welche aus diesen Bestimmungen** zwischen den Versicherungsanstalten und den betheiligten Krankenkassen **entstehen,** werden, sofern es sich um die Geltendmachung **der im Absatz 1 und 2 bezeichneten** Befugnisse handelt, von der Aufsichtsbehörde der betheiligten Krankenkassen endgültig, sofern es sich um Ersatzansprüche handelt, im Verwaltungsstreitverfahren oder, wo ein solches nicht besteht, durch die ordentlichen Gerichte entschieden.

§ 13.

Durch statutarische Bestimmung einer Gemeinde für ihren Bezirk oder eines weiteren Kommunalverbandes für seinen Bezirk oder Theile desselben kann, sofern daselbst nach Herkommen der Lohn der in land- oder forstwirthschaftlichen Betrieben beschäftigten Arbeiter ganz oder zum theil in Form von Naturalleistungen gewährt wird, bestimmt werden, daß denjenigen in diesem Bezirk wohnenden Rentenempfängern, welche innerhalb desselben als Arbeiter in land- und forstwirthschaftlichen Betrieben ihren Lohn oder Gehalt ganz oder zum theil in Form von Naturalleistungen bezogen haben, auch die Rente bis zu zwei Dritteln ihres Betrages in dieser Form gewährt wird. Der Werth der Naturalleistungen wird nach Durchschnittspreisen in Ansatz gebracht. Dieselben werden von der höheren Verwaltungsbehörde festgesetzt. Die statutarische Bestimmung bedarf der Genehmigung der höheren Verwaltungsbehörde.

Solchen Personen, welchen wegen gewohnheitsmäßiger Trunksucht nach Anordnung der zuständigen Behörde geistige Getränke in öffentlichen Schankstätten nicht verabfolgt werden dürfen, ist die Rente in derjenigen Gemeinde, für deren Bezirk eine solche Anordnung getroffen worden ist, auch ohne daß die Voraussetzungen des Absatzes 1 vorliegen, ihrem vollen Betrage nach in Naturalleistungen zu gewähren.

Der Anspruch auf die Rente geht zu demjenigen Betrage, in welchem Naturalleistungen gewährt werden, auf den Kommunalverband, für dessen Bezirk eine solche Bestimmung getroffen ist, über, wogegen diesem die Leistung der Naturalien obliegt.

Dem Bezugsberechtigten, auf welchen vorstehende Bestimmungen Anwendung finden sollen, ist dies von dem Kommunalverbande mitzutheilen.

Der Bezugsberechtigte ist befugt, binnen zwei Wochen nach der Zustellung dieser Mittheilung die Entscheidung der Kommunal-Aufsichtsbehörde anzurufen. Auf demselben Wege werden alle übrigen Streitigkeiten entschieden, welche aus der Anwendung dieser Bestimmungen zwischen dem Bezugsberechtigten und dem Kommunalverbande entstehen.

Sobald der Uebergang des Anspruchs auf Rente endgültig feststeht, hat auf Antrag des Kommunalverbandes der Vorstand der Versicherungsanstalt die Postverwaltung hiervon rechtzeitig in Kenntniß zu setzen.

§ 14.

Ist der Berechtigte ein Ausländer, so kann er, falls er seinen Wohnsitz im Deutschen Reich aufgiebt, mit dem dreifachen Betrage der Jahresrente abgefunden werden.

§ 15.
Voraussetzungen des Anspruchs.

Zur Erlangung eines Anspruchs auf Invaliden- oder Altersrente ist, außer dem Nachweise der Erwerbsunfähigkeit beziehungsweise des gesetzlich vorgesehenen Alters, erforderlich:

1) die Zurücklegung der vorgeschriebenen Wartezeit;
2) die Leistung von Beiträgen.

§ 16.
Wartezeit.

Die Wartezeit (§ 15) beträgt:

1) bei der Invalidenrente **zweihundertzwanzig Beitragswochen (§ 17)**;
2) bei der Altersrente **eintausendzweihundert Beitragswochen.**

§ 17.

Beitragsleistung.

Für jede in Anrechnung zu bringende Woche ist ein Versicherungsbeitrag zu entrichten (Beitragswoche). Die Beitragswoche beginnt mit dem ersten Werktag einer jeden Kalenderwoche.

Als Beitragszeiten werden, **ohne daß Beiträge entrichtet zu werden brauchen, diejenigen vollen Beitragswochen** in Anrechnung gebracht, **während deren Versicherte**

1) behufs Erfüllung der Wehrpflicht in Friedens-, Mobilmachungs- oder Kriegszeiten zum Heere oder zur Marine eingezogen gewesen sind,

2) in Mobilmachungs- oder Kriegszeiten freiwillig militärische Dienstleistungen verrichtet haben,

3) wegen bescheinigter, mit Erwerbsunfähigkeit verbundener Krankheit **an der Fortsetzung ihrer Berufsthätigkeit** verhindert gewesen sind.

Die Anrechnung erfolgt jedoch nur bei solchen Personen, welche vor den in Rede stehenden Zeiten berufsmäßig eine die Versicherungspflicht begründende **Beschäftigung** nicht lediglich vorübergehend **aufgenommen haben.**

Die Dauer einer Krankheit ist nicht als Beitragszeit in Anrechnung zu bringen, wenn der Betheiligte sich die Krankheit vorsätzlich oder bei Begehung eines durch strafgerichtliches Urtheil festgestellten Verbrechens, durch schuldhafte Betheiligung bei Schlägereien oder Raufhändeln, durch Trunkfälligkeit oder durch geschlechtliche Ausschweifungen zugezogen hat.

Bei Krankheiten, welche ununterbrochen länger als ein Jahr währen, kommt die über diesen Zeitraum hinausreichende Dauer der Krankheit als Beitragszeit nicht in Anrechnung.

Die an eine Krankheit sich anschließende Rekonvalescenz wird der Krankheit gleich geachtet.

§ 18.

Zum Nachweise einer Krankheit (§ 17) genügt die Bescheinigung des Vorstandes derjenigen Krankenkasse (§ 135), beziehungsweise derjenigen eingeschriebenen oder auf Grund landesrechtlicher Vorschriften errichteten Hilfskasse, welcher der Versicherte angehört hat, für diejenige Zeit aber, welche über die Dauer der von den betreffenden Kassen zu gewährenden Krankenunterstützung hinausreicht, sowie für diejenigen Personen, welche einer derartigen Kasse nicht angehört haben, die Bescheinigung der Gemeindebehörde. Die Kassenvorstände sind verpflichtet, diese Bescheinigungen **den Versicherten sofort nach Beendigung der Krankheit von Amtswegen** auszustellen und können hierzu von der Aufsichtsbehörde durch Geldstrafe bis zu einhundert Mark angehalten werden.

Für die in Reichs- und Staatsbetrieben beschäftigten Personen können die vorstehend bezeichneten Bescheinigungen durch die vorgesetzte Dienstbehörde ausgestellt werden.

Der Nachweis geleisteter Militärdienste erfolgt durch Vorlegung der Militärpapiere.

§ 19.

Aufbringung der Mittel.

Die Mittel zur Gewährung der Invaliden- und Altersrenten werden vom Reich, von den Arbeitgebern und von den Versicherten aufgebracht.

Die Aufbringung der Mittel erfolgt seitens des Reichs durch Zuschüsse zu den in jedem Jahre thatsächlich zu zahlenden Renten, seitens der Arbeitgeber und der Versicherten durch laufende Beiträge. Die Beiträge entfallen auf den Arbeitgeber und den Versicherten zu gleichen Theilen (§§ **109b**, 116) und sind für jede **Beitrags**woche (§ **17**) zu entrichten, in welcher der Versicherte in einem die Versicherungspflicht begründenden Arbeits- oder Dienstverhältniß gestanden hat.

§ 20.

Die Festsetzung der für die Beitragswoche zu entrichtenden Beiträge erfolgt für die einzelnen Versicherungsanstalten (§ 41) im voraus auf bestimmte Zeiträume, und zwar erstmalig für die Zeit bis zum **31. Dezember 1900,** demnächst für je **zehn** weitere Jahre.

Die Höhe der Beiträge ist unter Berücksichtigung **der Zinsen und sonstigen Einnahmen aus dem Vermögen der Versicherungsanstalten, sowie** der infolge von Krankheiten (§ 17 Abs. 2) entstehenden Ausfälle so zu bemessen, daß durch dieselben gedeckt werden die Verwaltungskosten, die durch **Krankenfürsorge (§ 12) und durch** Erstattung von Beiträgen (§§ 30 und 31) voraussichtlich entstehenden Aufwendungen, sowie der Kapitalwerth der **den** Versicherungsanstalt**en durch Renten voraussichtlich erwachsenden durchschnittlichen Belastung.**

Die bisher als besondere Reservefonds angesammelten Beträge sind zu dem übrigen Vermögen der Versicherungsanstalten abzuführen.

§ 21.

Fällt fort.

§ 22.

Lohnklassen.

Zum Zweck der Bemessung der Beiträge und Renten werden **für die** Versicherten nach der Höhe des **durchschnittlichen** Jahresarbeitsverdienstes **derjenigen Klassen, denen sie angehören,** folgende **Lohn**klassen gebildet:

Klasse I bis zu 350 ℳ einschließlich,
" II von mehr als 350 bis 550 ℳ,
" III von mehr als 550 bis 850 ℳ,
" IV von mehr als 850 **bis 1150 Mark,**
" **V von mehr als 1150 Mark.**

Als Jahresarbeitsverdienst gilt:

1) für die in der Land- und Forstwirthschaft beschäftigten Personen, soweit nicht Ziffer 4 platzgreift, der für sie von der höheren Verwaltungsbehörde unter Berücksichtigung des § 3 festzusetzende durchschnittliche Jahresarbeitsverdienst, beziehungsweise der für Betriebsbeamte nach § 3 des Gesetzes vom 5. Mai 1886 (Reichs-Gesetzbl. S. 132) zu ermittelnde Jahresarbeitsverdienst;

2) für die auf Grund des Gesetzes vom 13. Juli 1887 (Reichs-Gesetzbl. S. 329) versicherten Seeleute und anderen bei der Seeschiffahrt betheiligten Personen der Durchschnittsbetrag des Jahresarbeitsverdienstes, welcher gemäß §§ 6 und 7 a. a. O. vom Reichskanzler, beziehungsweise von der höheren Verwaltungsbehörde festgesetzt worden ist;

3) für Mitglieder einer Knappschaftskasse der dreihundertfache Betrag des von dem Kassenvorstande festzusetzenden durchschnittlichen täglichen Arbeitsverdienstes derjenigen Klasse von Arbeitern, welcher der Versicherte angehört, jedoch nicht weniger als der dreihundertfache Betrag des ortsüblichen Tagelohnes gewöhnlicher Tagearbeiter des Beschäftigungsortes (§ 8 des Krankenversicherungsgesetzes);

4) für Mitglieder einer Orts-, Betriebs-(Fabrik-), Bau- oder Innungskrankenkasse der dreihundertfache Betrag des für ihre Krankenkassenbeiträge maßgebenden durchschnittlichen Tagelohnes beziehungsweise wirklichen Arbeitsverdienstes **(§§ 20, 26 a Absatz 2 Ziffer 6 des Krankenversicherungsgesetzes)**;

5) im übrigen der dreihundertfache Betrag des ortsüblichen Tagelohnes gewöhnlicher Tagearbeiter des Beschäftigungsortes (§ 8 des Krankenversicherungsgesetzes), **soweit nicht für einzelne Berufszweige von der höheren Verwaltungsbehörde ein anderer Jahresarbeitsverdienst festgesetzt wird.**

Die Versicherung in einer höheren als derjenigen Lohnklasse, welche nach den vorstehenden Bestimmungen für den Versicherten maßgebend sein würde, ist zulässig, wenn Arbeitgeber und Versicherter darüber einverstanden sind. Dabei darf zugleich vereinbart werden, daß der auf den Arbeitgeber entfallende Theil des Beitrages nicht nach der höheren, sondern nach der für den Versicherten maßgebenden Lohnklasse bemessen wird.

Die nach Absatz 2 für die einzelnen Orte maßgebenden Lohnklassen und Beiträge (§§ 96 ff.), sowie die Klassen von Versicherten, welche an dem betreffenden Orte in die einzelnen Lohnklassen entfallen, sind von der Versicherungsanstalt nach näherer Bestimmung der Landes-Zentralbehörde in jedem Orte ihres Bezirks bekannt zu machen.

§ 23.

Fällt fort.

§ 24.

Die Beiträge müssen nach den Lohnklassen in der Weise bemessen werden, daß durch die in jeder Lohnklasse aufkommenden Beiträge

annähernd die Belastung gedeckt wird, welche der Versicherungsanstalt **nach Maßgabe der Bestimmungen der §§ 20 und 90** erwächst.

Für die bei derselben Versicherungsanstalt in derselben Lohnklasse versicherten Personen können die Beiträge nach Berufszweigen verschieden bemessen werden. Im übrigen sind die Beiträge für die in derselben Lohnklasse bei einer Versicherungsanstalt versicherten Personen gleich zu bemessen.

§ 25.

Berechnung der Renten.

Die Renten werden für Kalenderjahre berechnet. Sie bestehen aus einem, vorbehaltlich der Vorschrift des § 28 Absatz 2, von der Versicherungsanstalt aufzubringenden Betrage und aus einem festen Zuschusse des Reichs.

§ 26.

Bei Berechnung des von der Versicherungsanstalt aufzubringenden Theils der Rente wird ein Betrag von sechzig Mark zu Grunde gelegt. Derselbe steigt mit jeder vollendeten Beitragswoche

in der Lohnklasse	I	um **3**	Pfennig,
" " "	II	" 6	"
" " "	III	" 9	"
" " "	IV	" **12**	"
" " "	**V**	" **15**	"

Für den Zeitraum eines Kalenderjahres kommen höchstens dreiundfünfzig Beiträge zur Anrechnung.

Der Zuschuß des Reichs beträgt für jede Rente jährlich fünfzig Mark.

Die Renten sind auf volle fünf Pfennig für den Monat nach oben abzurunden **und** in monatlichen Theilbeträgen im voraus zu zahlen. **Für denjenigen Monat, in welchem der Rentenbezug fortfällt, sind die vollen Monatsbeträge zu belassen.**

§ 27.

Für einen Versicherten, welcher bei einer der nach §§ 5 und 7 zugelassenen Kasseneinrichtungen betheiligt gewesen ist, wird bei der Steigerung der **Rente** für jede Woche der Betheiligung nach dem Inkrafttreten dieses Gesetzes diejenige Lohnklasse in Rechnung gebracht, welcher derselbe nach dem von ihm wirklich bezogenen Lohn angehört haben würde, wenn er bei einer Versicherungsanstalt versichert gewesen wäre. Hat der Versicherte gleichzeitig einer Knappschaftskasse oder einer Orts-, Betriebs-(Fabrik-), Bau- oder Innungskrankenkasse angehört, so bestimmt sich die in Rechnung zu bringende Lohnklasse nach den Bestimmungen der Ziffer 3 beziehungsweise 4 des § 22 Abs. 2.

§ 28.

Für die nach § 17 als Beitragszeit geltende Dauer bescheinigter Krankheiten und militärischer Dienstleistungen wird bei Berechnung der Rente die Lohnklasse II zu Grunde gelegt.

Den auf die Dauer militärischer Dienstleistungen entfallenden Antheil der Rente übernimmt das Reich (§ **90**).

§ 29.

Die Invalidenrente beginnt mit dem Tage, an welchem der Verlust der Erwerbsfähigkeit eingetreten ist. Als dieser Zeitpunkt gilt, sofern nicht ein anderer in der Entscheidung festgestellt wird, der Tag, an welchem der Antrag auf Bewilligung der Rente bei der unteren Verwaltungsbehörde gestellt worden ist (§ 75).

Die Altersrente beginnt frühestens mit dem ersten Tage des einundsiebenzigsten Lebensjahres. Dieselbe kommt in Fortfall, sobald dem Empfänger Invalidenrente gewährt wird.

Für Zeiten, die bei Stellung des Antrages auf Bewilligung einer Rente länger als ein Jahr zurückliegen, wird die Rente nicht gewährt.

§ 30.

Erstattung von Beiträgen.

Weiblichen Personen, welche eine Ehe eingehen, bevor sie in den Genuß einer Rente gelangt sind, steht ein Anspruch auf Erstattung der Hälfte der für sie geleisteten Beiträge zu, wenn die letzteren **vor Eingehung der Ehe** für mindestens **zweihundertzwanzig Wochen** entrichtet worden sind. Dieser Anspruch muß binnen **sechs** Monaten nach der Verheirathung geltend gemacht werden. **Der zu erstattende Betrag wird auf volle Mark nach oben abgerundet.**

Mit der Erstattung erlischt die durch das frühere Versicherungsverhältniß begründete Anwartschaft.

§ 31.

Wenn eine männliche Person, für welche mindestens für **zweihundertzwanzig Wochen** Beiträge entrichtet worden sind, verstirbt, bevor sie in den Genuß einer Rente gelangt ist, so steht der hinterlassenen Wittwe oder, falls eine solche nicht vorhanden ist, den hinterlassenen ehelichen Kindern unter fünfzehn Jahren ein Anspruch auf Erstattung der Hälfte der für den Verstorbenen entrichteten Beiträge zu.

Wenn eine weibliche Person, für welche mindestens für **zweihundertzwanzig Wochen** Beiträge entrichtet worden sind, verstirbt, bevor sie in den Genuß einer Rente gelangt ist, so steht den hinterlassenen vaterlosen Kindern unter fünfzehn Jahren ein Anspruch auf Erstattung der Hälfte der für die Verstorbene entrichteten Beiträge zu.

Vorstehende Bestimmungen finden keine Anwendung, **soweit** den Hinterbliebenen aus Anlaß des Todes des Versicherten auf Grund der Unfallversicherungsgesetze Renten gewährt **werden.**

Der Erstattungsanspruch muß zur Vermeidung des Ausschlusses binnen zwei Jahren nach dem Tode des Versicherten erhoben werden. Der zu erstattende Betrag wird auf volle Mark nach oben abgerundet.

§ 32.

Erlöschen der Anwartschaft.

Die aus einem Versicherungsverhältniß sich ergebende Anwartschaft erlischt, wenn während vier aufeinander folgender Kalenderjahre **in** weniger als insgesammt **sechsundzwanzig** Beitragswochen **ein die Versicherungspflicht begründendes Arbeits- oder Dienstverhältniß, auf Grund dessen Beiträge entrichtet sind, oder ein freiwilliges Versicherungsverhältniß bestanden hat. Der § 17 findet auch hier entsprechende Anwendung.**

Die Anwartschaft lebt wieder auf, sobald durch Wiedereintreten in eine das Versicherungsverhältniß begründende Beschäftigung oder durch freiwillige Beitragsleistung das Versicherungsverhältniß erneuert und danach eine Wartezeit von **zweihundertfünfzig Beitragswochen** zurückgelegt ist.

§ 33.

Veränderung der Verhältnisse.

Tritt in den Verhältnissen des Empfängers einer Invalidenrente eine Veränderung ein, welche ihn nicht mehr als erwerbsunfähig **(§§ 9 und 10)** erscheinen läßt, so kann demselben die Rente entzogen werden.

Die Entziehung der Rente tritt **mit Ablauf des Monats** in Wirksamkeit, **in** welchem der die Entziehung aussprechende Bescheid zugestellt worden ist.

Wird die Rente von neuem bewilligt, so ist die Zeit des früheren Rentenbezuges dem Versicherten ebenso wie eine bescheinigte Krankheitszeit (§ **28** Abs. **1**) anzurechnen. **Die Vorschriften des § 17 Abs. 4 und § 32 Abs. 1 finden auf diese Zeit keine Anwendung.**

§ 34.

Der nach Maßgabe dieses Gesetzes erworbene Anspruch auf Rente ruht:

1) für diejenigen Personen, welche auf Grund der reichsgesetzlichen Bestimmungen über Unfallversicherung eine Rente beziehen, solange und soweit die Unfallrente unter Hinzurechnung der diesen Personen nach dem gegenwärtigen Gesetz zugesprochenen Rente den Betrag von 415 ℳ übersteigt;

2) für die in den §§ 4 und 7 bezeichneten Beamten und Personen des Soldatenstandes, solange und soweit die denselben gewährten Pensionen oder Wartegelder unter Hinzurechnung der ihnen nach dem gegenwärtigen Gesetz zugesprochenen Rente den Betrag von 415 ℳ übersteigen;

3) solange der Berechtigte eine die Dauer von einem Monat übersteigende Freiheitsstrafe verbüßt, oder solange er in einem Arbeitshause oder in einer Besserungsanstalt untergebracht ist;

4) solange der Berechtigte nicht im Inlande wohnt. Durch Beschluß des Bundesraths kann diese Bestimmung für bestimmte Grenzgebiete außer Kraft gesetzt werden.

§ 35.

Verhältniß zu anderen Ansprüchen.

Die auf gesetzlicher Vorschrift beruhende Verpflichtung von Gemeinden und Armenverbänden zur Unterstützung hilfsbedürftiger Personen, sowie sonstige gesetzliche, statutarische oder auf Vertrag beruhende Verpflichtungen zur Fürsorge für alte, kranke, erwerbsunfähige oder hilfsbedürftige Personen werden durch dieses Gesetz nicht berührt.

Soweit von einer Gemeinde oder einem Armenverband an hilfsbedürftige Personen Unterstützungen für einen Zeitraum geleistet sind, für welchen diesen Personen ein Anspruch auf Invaliden- oder Altersrente zustand, geht dieser Anspruch **auch, soweit er sich auf später fällig werdende Beträge richtet, in Höhe** der geleisteten Unterstützung auf die Gemeinde oder den Armenverband über. **Bis zur Hälfte ihres Betrages ist die Rente den Gemeinden und Armenverbänden auf ihren Antrag fortlaufend zu überweisen, sofern sie durch eine Bescheinigung der Aufsichtsbehörde den Nachweis erbringen, daß sie dem Rentenempfänger mindestens bis zu dem zu überweisenden Betrage fortlaufend Unterstützungen auf Grund der öffentlichen Armenpflege zu gewähren haben. In solchen Fällen darf die andere Hälfte der Rente von der Gemeinde oder dem Armenverbande nicht in Anspruch genommen werden.**

Das Gleiche gilt für Betriebsunternehmer und Kassen, welche die den Gemeinden oder Armenverbänden obliegende Verpflichtung zur Unterstützung Hilfsbedürftiger auf Grund gesetzlicher Vorschrift erfüllt haben.

§ 36.

Fabrikkassen, Knappschaftskassen, Seemannskassen und andere für gewerbliche, landwirtkschaftliche oder ähnliche Unternehmungen bestehende Kasseneinrichtungen, welche ihren nach den Bestimmungen dieses Gesetzes versicherten Mitgliedern für den Fall des Alters oder der Erwerbsunfähigkeit Renten oder Kapitalien gewähren, sind berechtigt, diese Unterstützungen für solche Personen, welche auf Grund dieses Gesetzes einen Anspruch auf Invaliden- oder Altersrenten haben, um den Werth der letzteren oder zu einem geringeren Betrage zu ermäßigen, sofern gleichzeitig die Beiträge der Betriebsunternehmer und Kassenmitglieder oder im Falle der Zustimmung der Betriebsunternehmer wenigstens diejenigen der Kassenmitglieder in entsprechendem Verhältniß herabgemindert werden. Auf statutenmäßige Kassenleistungen, welche vor dem betreffenden Beschlusse der zuständigen Organe oder vor dem Inkrafttreten dieses Gesetzes aus der Kasse bewilligt worden sind, erstreckt sich die Ermäßigung nicht.

Die hierzu erforderliche Abänderung der Statuten bedarf der Genehmigung der zuständigen Landesbehörde. Die letztere ist befugt, eine entsprechende Abänderung der Statuten ihrerseits mit rechtsgültiger Wirkung vorzunehmen, sofern die zu den erwähnten Kasseneinrichtungen beitragenden Betriebsunternehmer oder die Mehrheit der

Kassenmitglieder die Abänderung beantragt haben, die letztere aber von den zuständigen Organen der Kasse abgelehnt worden ist.

Der Ermäßigung der Beiträge bedarf es nicht, sofern die durch die Herabminderung der Unterstützungen ersparten Beträge zu anderen Wohlfahrtseinrichtungen für Betriebsbeamte, Arbeiter oder deren Hinterbliebene verwendet werden sollen und diese anderweite Verwendung durch das Statut geregelt und von der Aufsichtsbehörde genehmigt wird, oder soweit die Beiträge in der bisherigen Höhe erforderlich sind, um die der Kasse verbleibenden Leistungen zu decken.

Die vorstehenden Bestimmungen finden auf die nach §§ 5 und 7 zur selbständigen Durchführung der Invaliditäts- und Altersversicherung zugelassenen besonderen Kasseneinrichtungen entsprechende Anwendung.

§ 37.

Für Personen, welche aus Kassen der **in §§ 5, 7,** 36 bezeichneten Art Invaliden- oder Altersrenten beziehen, tritt das im § 32 vorgesehene Erlöschen **der Anwartschaft** nicht ein.

§ 38.

Die Bestimmungen der §§ 36 und 37 finden auch auf die zur Fürsorge für Invalidität und Alter bestehenden Kassen Anwendung, hinsichtlich deren auf Grund ortsstatutarischer Bestimmungen eine Verpflichtung zum Beitritt besteht.

§ 39.

Insoweit den nach Maßgabe dieses Gesetzes zum Bezuge von Invalidenrenten berechtigten Personen ein gesetzlicher Anspruch auf Ersatz des ihnen durch die Invalidität entstandenen Schadens gegen Dritte zusteht, geht derselbe auf die Versicherungsanstalt bis zum Betrage der von dieser zu gewährenden Rente über.

§ 40.

Vorrechte der Renten.

Die Uebertragung des Rentenanspruchs auf Dritte sowie dessen Verpfändung oder Pfändung hat nur insoweit rechtliche Wirkung, **als sie erfolgt:**

1) zur Deckung eines Vorschusses, welcher dem Berechtigten auf seine Ansprüche von einem bei der Rentenfestsetzung betheiligten Anstaltsorgan oder einem Mitglied desselben gegeben worden ist;

2) zur Deckung der im § 749 Abs. 4 der Zivilprozeßordnung bezeichneten Forderungen der Ehefrau und ehelichen Kinder;

3) zur Deckung von Forderungen der ersatzberechtigten Gemeinden und Armenverbände.

Die Rentenforderungen dürfen nur auf zu Unrecht gezahlte Rentenbeträge und auf die zu erstattenden Kosten des Verfahrens aufgerechnet werden.

II. Organisation.

§ 41.

Versicherungsanstalten.

Die Invaliditäts- und Altersversicherung erfolgt durch Versicherungsanstalten, welche nach Bestimmung der Landesregierungen für weitere Kommunalverbände ihres Gebiets oder für das Gebiet des Bundesstaats **oder Theile desselben** errichtet werden.

Auch kann für mehrere Bundesstaaten oder Gebietstheile derselben, sowie für mehrere weitere Kommunalverbände eines Bundesstaats eine gemeinsame Versicherungsanstalt errichtet werden.

In der Versicherungsanstalt sind alle diejenigen Personen versichert, deren Beschäftigungsort im Bezirk der Versicherungsanstalt liegt. Soweit die Beschäftigung in einem Betriebe stattfindet, dessen Sitz im Inlande belegen ist, gilt als Beschäftigungsort der Sitz des Betriebes.

§ 42.

Die Errichtung der Versicherungsanstalten bedarf der Genehmigung des Bundesraths. Soweit die Genehmigung nicht ertheilt wird, kann der Bundesrath nach Anhörung der betheiligten Landesregierungen die Errichtung von Versicherungsanstalten anordnen.

§ 43.

Der Sitz der Versicherungsanstalt wird durch die Landesregierung bestimmt.

Ist die Versicherungsanstalt für mehrere Bundesstaaten oder Gebietstheile derselben errichtet, so bestimmt den Sitz, falls eine Vereinbarung der betheiligten Landesregierungen nicht zu stande kommt, der Bundesrath.

§ 44.

Die Versicherungsanstalt kann unter ihrem Namen Rechte erwerben und Verbindlichkeiten eingehen, vor Gericht klagen und verklagt werden. Für ihre Verbindlichkeiten haftet den Gläubigern das Anstaltsvermögen, soweit dasselbe zur Deckung der Verpflichtungen der Versicherungsanstalt nicht ausreicht, der Kommunalverband, für welchen die Versicherungsanstalt errichtet ist, im Unvermögensfalle desselben oder wenn die Versicherungsanstalt für den Bundesstaat errichtet ist, der Bundesstaat.

Ist die Versicherungsanstalt für mehrere Kommunalverbände oder Bundesstaaten oder Theile solcher errichtet, so bemißt sich deren im Falle der Unzulänglichkeit des Anstaltsvermögens eintretende Haftung nach dem Verhältniß der auf Grund der letzten Volkszählung festgestellten Bevölkerungsziffer derjenigen Bezirke, mit welchen sie an der Versicherungsanstalt betheiligt sind.

Das Vermögen der Versicherungsanstalt darf für andere als die in diesem Gesetz vorgesehenen Zwecke nicht verwendet werden. Ihre Einnahmen und Ausgaben sind gesondert zu verrechnen, ihre Bestände gesondert zu verwahren.

Die Versicherungsanstalt darf andere als die in diesem Gesetz ihr übertragenen Geschäfte nicht übernehmen.

§ 45.

Die durch die erste Einrichtung der Versicherungsanstalt entstehenden Kosten sind von dem Kommunalverband oder dem Bundesstaat, für welchen sie errichtet wird, vorzuschießen. Für gemeinsame Versicherungsanstalten sind die Vorschüsse beim Mangel einer Vereinbarung nach dem im § 44 Abs. 2 vorgesehenen Verhältniß zu leisten.

Die geleisteten Vorschüsse sind von der Versicherungsanstalt aus den zunächst eingehenden Versicherungsbeiträgen zu erstatten.

§ 46.

Vorstand.

Die Versicherungsanstalt wird durch einen Vorstand verwaltet, soweit nicht einzelne Angelegenheiten durch Gesetz oder Statut dem Ausschuß oder anderen Organen übertragen sind.

Der Vorstand hat die Versicherungsanstalt gerichtlich und außergerichtlich zu vertreten. Die Vertretung erstreckt sich auch auf diejenigen Geschäfte und Rechtshandlungen, für welche nach den Gesetzen eine Spezialvollmacht erforderlich ist.

Die Vertretung der Versicherungsanstalt gegenüber dem Vorstand wird durch das Statut geregelt.

Der Vorsitzende des Vorstandes hat Beschlüsse der Organe der Versicherungsanstalt, welche deren Befugnisse überschreiten oder die Gesetze verletzen, mit aufschiebender Wirkung unter Angabe der Gründe zu beanstanden. Er kann hierzu von der Aufsichtsbehörde angewiesen werden. Die Anfechtung erfolgt mittels Beschwerde an die Aufsichtsbehörde.

§ 47.

Der Vorstand der Versicherungsanstalt hat die Eigenschaft einer öffentlichen Behörde. Seine Geschäfte werden von einem oder mehreren Beamten des weiteren Kommunalverbandes oder Bundesstaats, für welchen die Versicherungsanstalt errichtet ist, wahrgenommen. Diese Beamten werden nach Maßgabe der landesgesetzlichen Vorschriften von dem Kommunalverband beziehungsweise von der Landesregierung bestellt. Die Bezüge dieser Beamten und ihrer Hinterbliebenen sind von der Versicherungsanstalt zu vergüten.

Neben den vorgenannten Beamten müssen dem Vorstand Vertreter der Arbeitgeber und der Versicherten, und zwar von beiden eine gleiche Anzahl, angehören, über deren Anzahl und Wahl das Statut Bestimmung zu treffen hat.

Durch das Statut kann bestimmt werden, daß dem Vorstand neben den vorgenannten **Personen** noch andere Personen angehören sollen. Dieselben können nach Bestimmung des Statuts besoldet oder unbesoldet sein. Sofern **ihnen** Besoldungen zu gewähren sind, hat der Ausschuß (§ 48) die Anstellungsbedingungen festzusetzen.

Den bei dem Vorstande beschäftigten Bureau-, Kanzlei- und Unterbeamten, sowie den Kontrolbeamten können, soweit sie nicht nach dem für sie geltenden Landesrecht als Staats-

oder Kommunalbeamte anzusehen sind, nach näherer Bestimmung der Landesregierung die Rechte und Pflichten von Staats- oder Kommunalbeamten übertragen werden.

§ 48.

Ausschuß.

Für jede Versicherungsanstalt wird ein Ausschuß gebildet, welcher aus mindestens je fünf Vertretern der Arbeitgeber und der Versicherten besteht. Die Zahl der Vertreter wird bis zur Genehmigung des Statuts durch die Landes-Zentralbehörde, später durch das Statut bestimmt. Die Anzahl der Vertreter der Arbeitgeber und der Versicherten muß gleich sein.

Diese Vertreter werden von den Vorständen der im Bezirk der Versicherungsanstalt vorhandenen Orts-, Betriebs- (Fabrik-), Bau- und Innungs-Krankenkassen, Knappschaftskassen, Seemannskassen und anderer zur Wahrung von Interessen der Seeleute bestimmter, obrigkeitlich genehmigter Vereinigungen von Seeleuten gewählt. Soweit die im § 1 bezeichneten Personen solchen Kassen nicht angehören, ist nach Bestimmung der Landesregierung den Vertretungen der weiteren Kommunalverbände oder den Verwaltungen der Gemeinde-Krankenversicherung beziehungsweise landesrechtlichen Einrichtungen ähnlicher Art eine der Zahl dieser Personen entsprechende Betheiligung an der Wahl einzuräumen. Soweit die Vorstände der bezeichneten Kassen und Vereinigungen aus Vertretern der Arbeitgeber und Vertretern der Arbeitnehmer zusammengesetzt sind, nehmen bei der Wahl die den Arbeitgebern angehörenden Mitglieder des Vorstandes nur an der Wahl der Vertreter der Arbeitgeber, die den Versicherten angehörenden Mitglieder des Vorstandes nur an der Wahl der Vertreter der Versicherten theil.

§ 49.

Die Wahl der Vertreter erfolgt nach näherer Bestimmung einer Wahlordnung, welche von der Landes-Zentralbehörde oder der von dieser bestimmten Behörde zu erlassen ist, unter Leitung eines Beauftragten dieser Behörde.

Für jeden Vertreter sind ein erster und zweiter Ersatzmann zu wählen, welche denselben in Behinderungsfällen zu ersetzen und im Falle des Ausscheidens für den Rest der Wahlperiode in der Reihenfolge ihrer Wahl einzutreten haben.

Die Wahl erfolgt auf fünf Jahre. Die Ausscheidenden können wiedergewählt werden.

Streitigkeiten über die Wahlen werden von derjenigen Behörde entschieden, welche die Wahlordnung erlassen hat.

§ 50.

Wählbar zu Vertretern sind nur deutsche, männliche, großjährige, im Bezirk der Versicherungsanstalt wohnende Personen, welche sich im Besitz der bürgerlichen Ehrenrechte befinden und nicht durch richterliche Anordnung in der Verfügung über ihr Vermögen beschränkt sind.

Wählbar zu Vertretern der Arbeitgeber sind nur die Arbeitgeber der nach Maßgabe dieses Gesetzes versicherten Personen und die bevollmächtigten Leiter ihrer Betriebe, zu Vertretern der Versicherten die auf Grund dieses Gesetzes versicherten Personen.

§ 51.

Weitere Organe.

Als örtliche Organe der Versicherungsanstalt **können nach näherer Bestimmung des Statuts** Vertrauensmänner aus dem Kreise der Arbeitgeber und der Versicherten bestellt **werden. Dieselben** dürfen nicht Mitglieder des Vorstandes sein.

Durch das Statut oder die Landesregierung kann die Errichtung örtlich abgegrenzter Sektionen angeordnet werden. Geschieht dies, so sind zugleich Bestimmungen über Sitz und Bezirk der Sektionen, über die Bildung der Sektionsvorstände und den Umfang ihrer Befugnisse zu treffen. Dabei finden die Bestimmungen des § 47 Anwendung. Werden Sektionsausschüsse vorgesehen, so ist gleichzeitig deren Zusammensetzung und die Wahl ihrer Mitglieder zu regeln.

§ 52.

Diejenigen Versicherten (§§ 1, **1a**, 2, 8), welche als Arbeitgeber versicherungspflichtige Personen nicht bloß vorübergehend beschäftigen, werden hinsichtlich der Bildung **der Vorstände, Ausschüsse** und Schiedsgerichte, sowie hinsichtlich der Bestellung als Vertrauensmänner der Klasse der Arbeitgeber zugerechnet.

§ 53.

Abstimmung.

Bei Abstimmungen **der Vorstände und Ausschüsse** giebt im Falle der Stimmengleichheit die Stimme des Vorsitzenden den Ausschlag.

§ 54.

Statut.

Für jede Versicherungsanstalt ist ein Statut zu errichten, welches von dem Ausschusse **(§ 48)** beschlossen wird. Dasselbe muß Bestimmung treffen:

1) über die Zahl der Mitglieder, die Obliegenheiten und Befugnisse, sowie die Berufung des Ausschusses **(§ 48)**, über die Bestellung des Vorsitzenden desselben und über die Art der Beschlußfassung;

2) für den Fall der Bestellung von Vertrauensmännern (§ 51), über die Art der Bestellung sowie über ihre Obliegenheiten und Befugnisse;

3) über die Form, in welcher **die Vorstände ihre** Willenserklärungen kundzugeben und für die Versicherungsanstalt zu zeichnen **haben**, sowie über die Art, in welcher die Beschlußfassung **der Vorstände** und **ihre** Vertretung nach außen erfolgen soll;

4) über die Vertretung der Versicherungsanstalt gegenüber **den Vorständen** (§ 46 Abs. 3);

5) über die Zahl der Schiedsgerichtsbeisitzer;

6) über die Höhe der nach §§ 47 Absatz **3** und 58 zu gewährenden Vergütungen;

7) über die Aufstellung des Jahreshaushaltsplans;

8) über die Aufstellung und Abnahme der Jahresrechnung, soweit hierüber nicht von der Landes-Zentralbehörde Bestimmungen getroffen werden;

9) über die Veröffentlichung der Rechnungsabschlüsse;

10) über die öffentlichen Blätter, durch welche Bekanntmachungen zu erfolgen haben;

11) über die Voraussetzungen einer Abänderung des Statuts.

§ 55.

Dem Ausschuß **(§ 48)** müssen vorbehalten werden:

1) die Wahl der Beisitzer der Schiedsgerichte;

2) die Feststellung des Jahreshaushaltsplans;

3) die Prüfung der Jahresrechnung und die Aufstellung von Erinnerungen gegen dieselbe;

4) die Zustimmung zu Beschlüssen der Vorstände, welche den Erwerb, die Veräußerung oder die Belastung von Grundstücken der Versicherungsanstalt betreffen, sofern nicht nach dem pflichtmäßigen Ermessen des Vorstandes Gefahr im Verzuge ist;

5) die Beschlußfassung über die Bildung von Rückversicherungsverbänden (§ 65);

6) die Abänderung des Statuts;

7) die Ueberwachung der Geschäftsführung **der Vorstände.**

§ 55 a.

Der Entwurf des Jahreshaushaltsplans ist spätestens zwei Wochen vor der zur Festsetzung des Plans anberaumten Sitzung des Ausschusses (§ 48) der Aufsichtsbehörde in Abschrift vorzulegen. Diese ist befugt, Erinnerungen zu ziehen und, wenn denselben nicht genügt wird, nach Maßgabe der Erinnerungen den Plan festzusetzen.

§ 56.

Das Statut bedarf zu seiner Gültigkeit der Genehmigung des Reichs-Versicherungsamts. Dem letzteren sind die von dem Ausschuß **(§ 48)** über das Statut gefaßten Beschlüsse mit den Protokollen durch den Vorstand binnen einer Woche einzureichen.

Gegen die Entscheidung des Reichs-Versicherungsamts, durch welche die Genehmigung versagt wird, findet binnen einer Frist von vier Wochen, vom Tage der Zustellung an den Vorstand ab, die Beschwerde an den Bundesrath statt.

Wird innerhalb dieser Frist Beschwerde nicht eingelegt, oder wird die Versagung der Genehmigung des Statuts vom Bundesrath aufrecht erhalten, so hat das Reichs-Versicherungsamt innerhalb vier Wochen eine abermalige Beschlußfassung anzuordnen. Wird auch dem anderweit beschlossenen Statut die Genehmigung endgültig versagt, oder kommt ein Beschluß des Ausschusses über das Statut nicht zu stande, so wird ein solches vom Reichs-Versicherungsamt erlassen. In letzterem Falle hat das Reichs-Versicherungsamt auf Kosten der Versicherungsanstalt die zur Ausführung des Statuts erforderlichen Anordnungen zu treffen.

Abänderungen des Statuts bedürfen der Genehmigung des Reichs-Versicherungsamts. Gegen die Versagung der Genehmigung findet binnen vier Wochen, vom Tage der Zustellung ab, die Beschwerde an den Bundesrath statt.

Nach Feststellung des Statuts sind durch den Vorstand **der Versicherungsanstalt** im „Reichs-Anzeiger“ und in dem für die Veröffentlichungen der Landes-Zentralbehörde bestimmten Blatte der Name, Sitz und Bezirk der Versicherungsanstalt sowie der Name des Vorsitzenden des Vorstandes bekannt zu machen. Veränderungen sind in gleicher Weise zur öffentlichen Kenntniß zu bringen. **Werden Sektionen errichtet, so sind deren Bezirke und Vorsitzende in gleicher Weise zur öffentlichen Kenntniß zu bringen.**

§ 57.

Den Vorsitz im Ausschusse **(§ 48)** führt bis zur Genehmigung des Statuts der Vorsitzende des Vorstandes der Versicherungsanstalt. Derselbe beruft die Mitglieder des Ausschusses. Für diejenigen Mitglieder, welche am Erscheinen behindert sind und dies dem Vorsitzenden des Vorstandes rechtzeitig mittheilen, sind die Ersatzmänner zu laden.

Die Mitglieder des über das Statut berathenden Ausschusses erhalten für ihre Theilnahme an diesen Berathungen Vergütungen, welche von der Landes-Zentralbehörde zu bestimmen sind.

§ 58.
Ehrenämter.

Die unbesoldeten Mitglieder **der Vorstände,** die Mitglieder **der Ausschüsse,** die Vertrauensmänner und die Schiedsgerichtsbeisitzer verwalten ihr Amt als Ehrenamt und erhalten nach den durch das Statut zu bestimmenden Sätzen nur Ersatz für baare Auslagen, die Vertreter der Versicherten außerdem Ersatz für entgangenen Arbeitsverdienst.

§ 59.
Haftung der Mitglieder der Organe.

Die Mitglieder **der Vorstände und Ausschüsse,** sowie die Vertrauensmänner haften der Versicherungsanstalt für getreue Geschäftsverwaltung wie Vormünder ihren Mündeln.

Die Mitglieder **der Vorstände und Ausschüsse,** sowie die Vertrauensmänner, welche absichtlich zum Nachtheil der Versicherungsanstalt handeln, unterliegen der Strafbestimmung des § 266 des Strafgesetzbuchs.

§ 60.

Ablehnung von Wahlen.

Wahlen zu solchen Stellen, welche als Ehrenamt wahrzunehmen sind, können von den Arbeitgebern der nach Maßgabe dieses Gesetzes versicherten Personen und von bevollmächtigten Betriebsleitern solcher Arbeitgeber nur aus denselben Gründen abgelehnt werden, aus welchen die Ablehnung des Amts eines Vormundes zulässig ist. Die Wahrnehmung eines auf Grund der Unfallversicherungsgesetze **oder des Krankenversicherungsgesetzes** übertragenen Ehrenamts steht der Führung einer Vormundschaft gleich. Durch das Statut (§ 54) können die Ablehnungsgründe anders geregelt werden. Die bezeichneten Personen, welche eine Wahl ohne zulässigen Grund ablehnen, oder sich der Ausübung ihres Amts ohne hinreichende Entschuldigung entziehen, werden, soweit besondere Bestimmungen nicht getroffen sind (§ 73), vom Vorstande mit Geldstrafen bis zu eintausend Mark belegt.

Die Wiederwahl kann für eine Wahlperiode abgelehnt werden.

§ 61.

So lange die Wahl der gesetzlichen Organe der Versicherungsanstalt nicht zu stande kommt, oder so lange diese Organe die Erfüllung ihrer gesetzlichen oder statutarischen Obliegenheiten verweigern, hat der Vorsitzende des Vorstandes die letzteren auf Kosten der Versicherungsanstalt wahrzunehmen oder durch Beauftragte wahrnehmen zu lassen.

§ 62.

Unbehinderte Ausübung der Funktionen.

Die Vertreter der Versicherten haben in jedem Fall, in welchem sie zur Wahrnehmung ihrer Obliegenheiten berufen werden, die Arbeitgeber hiervon in Kenntniß zu setzen, widrigenfalls ihnen die im § 58 vorgesehenen Entschädigungen versagt werden können. Die Nichtleistung der Arbeit während der Zeit, in welcher die bezeichneten Personen durch die Wahrnehmung jener Obliegenheiten an der Arbeit verhindert sind, berechtigt den Arbeitgeber nicht, das Arbeitsverhältniß vor dem Ablauf der vertragsmäßigen Dauer desselben aufzuheben.

§ 63.

Staatskommissar.

Für den Bezirk einer jeden Versicherungsanstalt wird zur Wahrung der Interessen der übrigen Versicherungsanstalten und des Reichs **sowie der nach § 44 bei Unzulänglichkeit des Anstaltsvermögens haftenden Kommunalverbände und Bundesstaaten** von der Landesregierung im Einvernehmen mit dem Reichskanzler **mindestens** ein Kommissar bestellt.

Derselbe ist **stimmberechtigtes Mitglied des Vorstandes der Versicherungsanstalt; Rentenfestsetzungsbescheide sind ihm zur Mitzeichnung vorzulegen; bei Meinungsverschiedenheiten zwischen dem Kommissar und anderen Vorstandsmitgliedern ist die Entscheidung des Gesammtvorstandes herbei-**

zuführen. Der Kommissar hat Beschlüsse des Gesammtvorstandes, welche dessen Befugnisse überschreiten oder die Gesetze verletzen, mit aufschiebender Wirkung unter Angabe der Gründe zu beanstanden. Die Anfechtung erfolgt mittels Beschwerde an die Aufsichtsbehörde. Der Kommissar ist ferner befugt, Einsicht in die Akten zu nehmen, **den** Verhandlungen der **übrigen** Organe der Versicherungsanstalt mit berathender Stimme und den Verhandlungen vor den Schiedsgerichten beizuwohnen, Anträge zu stellen **und** gegen solche **Bescheide oder** Entscheidungen, durch welche die Erwerbsunfähigkeit anerkannt oder eine Rente festgesetzt wird (§§ 75 und 77), die zulässigen Rechtsmittel einzulegen. Zu diesem Zweck ist ihm von den Verhandlungsgegenständen rechtzeitig Kenntniß zu geben.

Die Aufsichtsbehörde ist befugt, bei Wahrnehmung ihrer Aufsichtsbefugnisse die Mitwirkung des Kommissars in Anspruch zu nehmen.

Werden für den Bezirk einer Versicherungsanstalt mehrere Kommissare bestellt, so sind die Geschäfte unter dieselben von der Landes-Zentralbehörde zu vertheilen; im Vorstande aber steht ihnen gemeinsam nur eine Stimme zu.

Werden Sektionen errichtet, so können für deren Bezirke besondere Kommissare bestellt werden, auf deren Befugnisse die vorstehenden Bestimmungen entsprechende Anwendung finden.

Die Thätigkeit der Kommissare erstreckt sich **mit den aus Absatz 2 sich ergebenden Befugnissen nach näherer Bestimmung der Landes-Zentralbehörde** auch auf diejenigen nach §§ 5 und 7 zugelassenen Kasseneinrichtungen, welche in **deren** Bezirken ihren Sitz haben.

Der Bundesrath ist befugt, für die Kommissare Geschäftsanweisungen zu erlassen.

§ 64.

Gemeinsame Versicherungsanstalten.

Auf gemeinsame Versicherungsanstalten finden die vorstehenden Bestimmungen mit folgenden Maßgaben Anwendung:

1) für die Bestellung der **den Vorständen angehörenden** Beamten (§ 47) und für deren dienstliche Verhältnisse sind die am Sitze der Versicherungsanstalt **oder Sektion** geltenden Vorschriften maßgebend. Erstreckt sich der Bezirk der Versicherungsanstalt **oder Sektion** über Gebiete mehrerer Bundesstaaten, so entscheidet über die Bestellung der Beamten, falls ein Einverständniß unter den betheiligten Landesregierungen nicht erzielt wird, der Bundesrath;

2) die im § 48 Abs. 1 vorgesehene Bestimmung der Zahl der Vertreter wird, wenn sich der Bezirk der Versicherungsanstalt über die Gebiete mehrerer Bundesstaaten erstreckt und ein Einverständniß unter den betheiligten Landesregierungen nicht erzielt wird, vom Bundesrath getroffen;

3) die im § 49 Abs. 1 bezeichnete Wahlordnung wird, sofern sich

der Bezirk der Versicherungsanstalt über die Gebiete mehrerer Bundesstaaten erstreckt, vom Reichs-Versicherungsamt erlassen;

4) der Erlaß der nach **§ 51 Absatz 2**, § 54 Ziffer **7** zulässigen Bestimmungen über **die Bildung von Sektionen**, die Aufstellung und Abnahme der Jahresrechnung, die Regelung der Vergütung an die Mitglieder des das Statut berathenden Ausschusses (§ 57 Abs. 2), sowie die Ernennung des Staatskommissars (§ 63 Abs. 1) erfolgt durch die Regierung desjenigen Bundesstaats, in welchem sich der Sitz der Versicherungsanstalt befindet.

§ 65.

Vertheilung der Last.

Jeder Versicherungsanstalt sowie jeder zugelassenen besonderen Kasseneinrichtung (§§ 5 ff.) verbleibt, unbeschadet der dem Reich zur Last fallenden Beträge (§ 26 Absatz 3, § 28 Absatz 2), ein Viertel derjenigen Belastung, welche aus den für ihren Bezirk festgesetzten Renten erwächst.

Die übrigen drei Viertel werden von sämmtlichen Versicherungsanstalten und zugelassenen besonderen Kasseneinrichtungen gemeinsam getragen und auf dieselben nach Maßgabe der §§ 90 ff. vertheilt.

Die Versicherungsanstalten **und zugelassenen besonderen Kasseneinrichtungen** können vereinbaren, **auch die ihnen nach Absatz 1 verbleibenden** Lasten ganz oder zum theil gemeinsam zu tragen. **Bestehen für das Gebiet desselben Bundesstaats mehrere Träger der Versicherung, so können sie durch die Zentralbehörde verpflichtet werden, diese Lasten ganz oder zum theil gemeinsam zu tragen. Erstrecken sich die Bezirke dieser Träger der Versicherung über Gebiete mehrerer Bundesstaaten, so entscheidet über die Anordnung, falls ein Einverständniß der betheiligten Landesregierungen nicht erzielt wird, der Bundesrath.**

§ 66.

Veränderungen.

Veränderungen der Bezirke der Versicherungsanstalten sind zulässig, sofern sie von dem Ausschuß einer betheiligten Versicherungsanstalt oder von der Regierung eines Bundesstaats, über dessen Gebiet sich die Versicherungsanstalt erstreckt beantragt und von dem Bundesrath genehmigt werden. Vor der Beschlußfassung über die Genehmigung sind die Ausschüsse der betheiligten Versicherungsanstalten, sowie die Regierungen derjenigen Bundesstaaten, deren Gebiete bei der Veränderung betheiligt sind, zu hören. Bei Versicherungsanstalten für die Bezirke weiterer Kommunalverbände sind auch die Vertretungen der letzteren befugt, Anträge auf Veränderungen zu stellen; vor der Genehmigung von Veränderungen der Bezirke solcher Versicherungsanstalten müssen die Vertretungen der betheiligten Kommunalverbände gehört werden.

§ 67.

Scheiden örtliche Bezirke aus dem Bezirk einer Versicherungsanstalt aus, so verbleiben der letzteren in vollem Umfange das bis zum Zeitpunkt des Ausscheidens angesammelte Vermögen, sowie alle **bis zu diesem Zeitpunkt entstandene** Verpflichtungen.

Führt die Veränderung zur Auflösung der Versicherungsanstalt, so geht deren Vermögen mit allen Rechten und Pflichten, sofern **dasselbe nicht von den betheiligten Landesregierungen denjenigen Versicherungsanstalten, welchen die Bezirke der aufgelösten Anstalt überwiesen werden, übertragen oder** mit Genehmigung der betheiligten Landesregierungen **von** einer Versicherungsanstalt **übernommen wird,** auf den weiteren Kommunalverband beziehungsweise Bundesstaat über, für welchen die Versicherungsanstalt errichtet war.

Für gemeinsame Versicherungsanstalten erfolgt die antheilige Uebernahme des Vermögens mit allen Rechten und Pflichten durch die betheiligten Kommunalverbände oder Bundesstaaten, und zwar, sofern darüber eine Einigung nicht zu stande kommt, nach Bestimmung des Bundesraths oder, wenn nur Kommunalverbände eines Bundesstaats betheiligt sind, der Landes-Zentralbehörde.

§ 68.

Streitigkeiten, welche in Betreff der Vermögensauseinandersetzung zwischen den betheiligten Versicherungsanstalten entstehen, werden mangels Verständigung über eine schiedsrichterliche Entscheidung von dem Reichs-Versicherungsamt entschieden.

§ 69.

Auf das Ausscheiden **und die Veränderungen** der nach §§ 5 und 7 zugelassenen Kasseneinrichtungen finden die Bestimmungen der §§ 66 bis 68 entsprechende Anwendung.

III. Schiedsgerichte.

§ 70.

Schiedsgerichte.

Für den Bezirk jeder Versicherungsanstalt wird mindestens ein Schiedsgericht errichtet.

Die Zahl, **die Bezirke und die Sitze** der Schiedsgerichte werden von der Zentralbehörde des Bundesstaats, **in dessen Gebiet die** Versicherungsanstalt **ihren Sitz hat,** bestimmt. **Bei Schiedsgerichten, deren** Bezirk **ganz oder zum theil außerhalb der** Grenzen **dieses** Bundesstaats **belegen ist, erfolgt die Bestimmung** im Einvernehmen mit den betheiligten Zentralbehörden.

§ 71.

Jedes Schiedsgericht besteht aus einem ständigen Vorsitzenden und aus Beisitzern. Die Zahl der Beisitzer muß aus der Klasse der Arbeitgeber und der Versicherten mindestens je zwei betragen.

Der Vorsitzende wird aus der Zahl der öffentlichen Beamten von der Zentralbehörde des Bundesstaats, in welchem der Sitz des Schiedsgerichts belegen ist, ernannt. Für den Vorsitzenden ist in gleicher Weise **mindestens** ein Stellvertreter zu ernennen, welcher ihn in Behinderungsfällen vertritt.

Die Beisitzer werden in der durch das Statut bestimmten Zahl von dem Ausschuß der Versicherungsanstalt, und zwar zu gleichen Theilen in getrennter Wahlhandlung von den Arbeitgebern und den Versicherten, nach einfacher Stimmenmehrheit gewählt. Bezüglich der Wählbarkeit gelten die Bestimmungen des § 50, bezüglich der Ablehnungsgründe die Bestimmungen des § 60.

Die Wahl erfolgt auf fünf Jahre. Die Gewählten bleiben nach Ablauf dieser Zeit so lange im Amt, bis ihre Nachfolger ihr Amt angetreten haben. Die Ausscheidenden sind wieder wählbar.

§ 72.

Name und Wohnort des Schiedsgerichtsvorsitzenden und seines Stellvertreters sind **nach näherer Bestimmung** der Landes-Zentralbehörde **von der Versicherungsanstalt** bekannt zu machen.

§ 73.

Der Vorsitzende und dessen Stellvertreter, sowie die Beisitzer sind auf die gewissenhafte Erfüllung der Obliegenheiten ihres Amts eidlich zu verpflichten.

Die Festsetzung der den Beisitzern zu gewährenden Vergütungen (§ 58), sowie der baaren Auslagen erfolgt durch den Vorsitzenden.

Personen, welche die Wahl ohne zulässigen Grund ablehnen oder sich der Ausübung ihres Amts ohne hinreichende Entschuldigung entziehen, werden vom Vorsitzenden mit Geldstrafe bis zu fünfhundert Mark belegt.

Kommt eine Wahl nicht zu stande oder verweigern die Gewählten ihre Dienstleistung, so hat, solange und soweit dies der Fall ist, die untere Verwaltungsbehörde, in deren Bezirk der Sitz des Schiedsgerichts belegen ist, die Beisitzer aus der Zahl der Arbeitgeber beziehungsweise Versicherten zu ernennen.

§ 74.

Der Vorsitzende beruft das Schiedsgericht und leitet die Verhandlungen desselben. Durch das Statut können über die Reihenfolge, in welcher die Beisitzer zu den Verhandlungen zuzuziehen sind, Bestimmungen getroffen werden.

Das Schiedsgericht ist befugt, Zeugen und Sachverständige, auch eidlich, zu vernehmen.

Das Schiedsgericht entscheidet in der Besetzung von drei Mitgliedern, unter denen sich ein Arbeitgeber und ein Versicherter befinden muß.

Die Entscheidungen des Schiedsgerichts erfolgen nach Stimmenmehrheit.

Im übrigen wird das Verfahren vor dem Schiedsgerichte

durch Kaiserliche Verordnung mit Zustimmung des Bundesraths geregelt.

Die Kosten des Schiedsgerichts, sowie die Kosten des Verfahrens vor demselben trägt die Versicherungsanstalt. **Ueber die Geschäftsräume des Schiedsgerichts und die Bezüge des dem Schiedsgericht beizugebenden Hilfspersonals wird von dem Vorsitzenden im Einvernehmen mit dem Vorstande der Versicherungsanstalt Bestimmung getroffen. Bei Meinungsverschiedenheit entscheidet die Zentralbehörde (§ 71 Absatz 2).**

Das Schiedsgericht ist befugt, den Betheiligten solche Kosten des Verfahrens zur Last zu legen, welche durch unbegründete Beweisanträge derselben veranlaßt worden sind.

Dem Vorsitzenden des Schiedsgerichts und dessen Stellvertreter darf eine Vergütung von der Versicherungsanstalt nicht gewährt werden. **Als eine solche Vergütung ist nicht anzusehen die Entschädigung, welche der Vorsitzende für Abhaltung von Terminen außerhalb des Sitzes des Schiedsgerichts zu beanspruchen hat.**

IV. Verfahren.

§ 75.

Feststellung der Rente.

Der Anspruch auf Bewilligung einer Rente **ist** bei der für **den** Wohnort **des Versicherten** zuständigen unteren Verwaltungsbehörde anzumelden. Der Anmeldung sind die zur Begründung des Anspruchs dienenden Beweisstücke, **insbesondere** die **letzte** Quittungskarte **(§ 100)** beizufügen. Die untere Verwaltungsbehörde hat **die ihr etwa erforderlich erscheinende nähere Begründung des Anspruchs herbeizuführen; sie ist zu dem Zweck insbesondere befugt, den** für den Wohnort des **Rentenanwärters etwa bestellten** Vertrauensmännern und dem Vorstand derjenigen im § 48 Abs. 2 bezeichneten Krankenkasse u. s. w., welcher der Antragsteller angehört, Gelegenheit zu geben, sich binnen einer **ihnen zu stellenden** angemessenen Frist über den Antrag zu äußern. Die untere Verwaltungsbehörde hat **die Verhandlungen nach deren Abschluß unter Beifügung** der beigebrachten Urkunden dem Vorstand derjenigen Versicherungsanstalt zu übersenden, an welche ausweislich der Quittungskarte zuletzt Beiträge entrichtet worden waren.

Der Vorstand der Versicherungsanstalt hat, sofern der Antrag nicht ohne weiteres abzulehnen ist, **die Urkunden über die frühere Versicherung des Rentenanwärters** (Quittungskarten **u. s. w.**) einzufordern (§ 107) **und die** zur Abgabe einer Entscheidung **etwa erforderlichen** weiteren Erhebungen zu veranlassen. Die Kosten derselben fallen der Versicherungsanstalt zur Last.

Die in einer ordnungsmäßig ausgestellten Quittungskarte enthaltenen Marken begründen bis zum Beweise des Gegentheils zu Gunsten des Versicherten die Vermuthung.

daß während derjenigen Zahl von Beitragswochen, für welche Marken beigebracht sind, ein den Vorschriften des Gesetzes entsprechendes Versicherungsverhältniß auf Grund der Versicherungspflicht oder freiwilliger Versicherung bestanden hat. Diese Vermuthung findet jedoch nicht statt, soweit sich ergiebt, daß während eines Kalenderjahres für mehr als 53 Wochen Marken beigebracht sind.

Wird der angemeldete Anspruch anerkannt, so ist die Höhe der Rente sofort festzustellen. Dem Empfangsberechtigten ist sodann ein schriftlicher Bescheid zu ertheilen, aus welchem die Art der Berechnung der Rente zu ersehen ist. Abschrift des Bescheides ist dem Staatskommissar (§ 63) zuzustellen.

Wird der angemeldete Anspruch nicht anerkannt, so ist derselbe durch schriftlichen, mit Gründen versehenen Bescheid abzulehnen.

§ 76.

Die Annahme, daß die Erwerbsunfähigkeit durch einen nach den Unfallversicherungsgesetzen zu entschädigenden Unfall verursacht ist, begründet nicht die Ablehnung des Anspruchs auf Invalidenrente. Es ist vielmehr, sofern im übrigen der Anspruch gerechtfertigt erscheint, die Invalidenrente festzustellen **und bis zur Bewilligung der Unfallrente in voller Höhe, demnächst aber nach den Vorschriften des § 34 Ziffer 1 zu zahlen.**

Die Versicherungsanstalten sind berechtigt, die **Feststellung der Unfallrente bei der** verpflichteten Berufsgenossenschaft **zu beantragen und gegen die letztere nöthigenfalls an Stelle des Verletzten das in §§ 61 bis** 63 des Unfallversicherungsgesetzes vom 6. Juli 1884 **und in den gleichartigen Vorschriften der anderen Gesetze über Unfallversicherung** vorgeschriebene Verfahren **durchzuführen, auch die Berufsgenossenschaft nach Feststellung der Unfallrente** wegen **Erstattung** der **von ihnen bereits** gezahlten, **der Berufsgenossenschaft zur Last fallenden Rentenbeträge** in Anspruch zu nehmen. **Weitere** Streitigkeiten **aus Anlaß dieses Erstattungsanspruchs** werden von dem ordentlichen Richter entschieden.

Die Bestimmungen des Absatzes 2 finden auch in anderen Fällen Anwendung, wenn infolge der Feststellung einer Unfallrente ein völliges oder theilweises Ruhen der Invaliden- oder Altersrente eintreten würde.

§ 77.

Gegen den Bescheid, durch welchen der Anspruch abgelehnt wird, sowie gegen den Bescheid, durch welchen die Höhe der Rente festgestellt wird, findet die Berufung auf schiedsgerichtliche Entscheidung statt.

Der Bescheid muß die Bezeichnung der Berufungsfrist und des für die Berufung zuständigen Schiedsgerichts enthalten. Die Berufung ist bei Vermeidung des Ausschlusses binnen vier Wochen nach der Zustellung des Bescheides bei dem **Schiedsgericht** einzulegen.

Die Frist gilt auch dann als gewahrt, wenn die Berufung bei einer anderen Behörde eingegangen ist. Letztere hat die Berufungsschrift ungesäumt an das zuständige Schiedsgericht abzugeben.

Die Berufung hat keine aufschiebende Wirkung.

§ 78.

Eine Ausfertigung der Entscheidung des Schiedsgerichts ist **binnen drei Wochen** dem Berufenden und dem Vorstande der Versicherungsanstalt, eine Abschrift dem Staatskommissar (§ 63) zuzustellen.

§ 79.

Hat das Schiedsgericht **in besonderen Ausnahmefällen, welche das Reichs-Versicherungsamt näher bestimmen darf, den** Anspruch auf Rente **nur dem Grunde nach** anerkannt und nicht gleichzeitig über die Höhe der Rente entschieden, so hat der Vorstand der Versicherungsanstalt unverzüglich die Höhe der Rente festzustellen und auch in denjenigen Fällen, in welchen das Rechtsmittel der Revision eingelegt wird, sofort wenigstens vorläufig die Rente zuzubilligen. Gegen die vorläufige Zubilligung einer Rente findet ein Rechtsmittel nicht statt.

§ 80.

Gegen die Entscheidung des Schiedsgerichts steht beiden Theilen das Rechtsmittel der Revision zu. Die Revision hat aufschiebende Wirkung **nur insoweit, als es sich um Beträge handelt, die für die Zeit vor dem Erlaß der angefochtenen Entscheidung nachträglich gezahlt werden sollen.**

Ueber die Revision entscheidet das Reichs-Versicherungsamt. Das Rechtsmittel ist bei demselben **zur Vermeidung des Ausschlusses** binnen vier Wochen nach der Zustellung der Entscheidung des Schiedsgerichts einzulegen.

Die Bestimmung des § 77 Absatz 3 findet entsprechende Anwendung.

Die Revision kann nur darauf gestützt werden:

1) daß die angefochtene Entscheidung auf der Nichtanwendung oder auf der unrichtigen Anwendung des bestehenden Rechts oder auf einem Verstoß wider den klaren Inhalt der Akten beruhe;

2) daß das Verfahren an wesentlichen Mängeln leide.

§ 81.

Bei Einlegung der Revision ist anzugeben, worin die Nichtanwendung oder die unrichtige Anwendung des bestehenden Rechts oder der Verstoß wider den klaren Inhalt der Akten oder worin die behaupteten Mängel des Verfahrens gefunden werden. Das Reichs-Versicherungsamt ist bei seiner Entscheidung an diejenigen Gründe nicht gebunden, welche zur Rechtfertigung der gestellten Anträge geltend gemacht worden sind.

Fehlt die Angabe solcher Gründe oder ergiebt sich aus der Prüfung der Anträge, daß die angegriffene Entscheidung nicht auf der Nichtanwendung oder unrichtigen Anwendung des bestehenden

Rechts beruht, sowie daß das Verfahren nicht an wesentlichen Mängeln leidet, und daß ein Verstoß wider den klaren Inhalt der Akten nicht vorliegt, oder ist die Revision verspätet eingelegt, so kann das Reichs-Versicherungsamt das Rechtsmittel ohne mündliche Verhandlung zurückweisen. Anderenfalls hat das Reichs-Versicherungsamt nach mündlicher Verhandlung zu entscheiden.

Wird das angefochtene Urtheil aufgehoben, so kann das Reichs-Versicherungsamt zugleich in der Sache selbst entscheiden oder dieselbe an das **bisher mit der Sache befaßte oder ein anderes** Schiedsgericht oder an den Vorstand der Versicherungsanstalt zurückverweisen. **Dabei kann das Reichs-Versicherungsamt bestimmen, daß dem Rentenbewerber eine ihrem Betrage nach bestimmte Rente vorläufig zu zahlen ist.** Im Falle der Zurückverweisung ist die rechtliche Beurtheilung, auf welche das Reichs-Versicherungsamt die Aufhebung gestützt hat, de**n weiteren** Entscheidunge**n oder Bescheiden** zu Grunde zu legen.

§ 81a.

Soweit auf Grund der vorstehenden Bestimmungen Rentenbeträge vorläufig gezahlt sind, ist eine Rückforderung ausgeschlossen, wenn nicht durch strafgerichtliches Erkenntniß festgestellt ist, daß der Rentenbetrag erschlichen worden war.

§ 82.

Auf die Anfechtung der rechtskräftigen Entscheidung über einen Anspruch auf Rente finden die Vorschriften der Zivilprozeßordnung über die Wiederaufnahme des Verfahrens entsprechende Anwendung, soweit nicht durch Kaiserliche Verordnung mit Zustimmung des Bundesraths ein Anderes bestimmt wird.

§ 83.

Bescheide, durch welche der Anspruch auf Rente abgelehnt wird, sind, sobald dieselben die Rechtskraft beschritten haben, von dem Vorstande der Versicherungsanstalt der unteren Verwaltungsbehörde, in deren Bezirk der Antragsteller wohnt, abschriftlich mitzutheilen.

§ 84.

Die Wiederholung eines Antrags auf Bewilligung einer Invalidenrente, **welcher wegen des Fehlens dauernder Erwerbsunfähigkeit endgültig abgelehnt worden war,** ist vor Ablauf eines Jahres seit der Zustellung der endgültigen Entscheidung nur dann zulässig, wenn glaubhaft bescheinigt wird, daß inzwischen Umstände eingetreten sind, aus denen sich das Vorhandensein der dauernden Erwerbsunfähigkeit des Antragstellers ergiebt. Sofern eine solche Bescheinigung nicht beigebracht wird, hat die untere Verwaltungsbehörde den vorzeitig wiederholten Antrag endgültig zurückzuweisen.

§ 85.

Auf die Entziehung der Rente **(§ 33) sowie auf die Einstellung von Rentenzahlungen (§ 34)** finden die Vorschriften der §§ 75 **Absatz 2 bis 5, 76** bis 84 entsprechende Anwendung.

§ 86.

Nach erfolgter Feststellung der Rente hat der Vorstand der Versicherungsanstalt dem Berechtigten **die** mit der Zahlung beauftragte Postanstalt (§ **87**) **zu bezeichnen** und der **Gemeindebehörde des Wohnorts** über die **den Berechtigten** zustehenden Bezüge Mittheilung zu machen. **Das Gleiche gilt beim Eintritt von Veränderungen.**

§ **87.**

Auszahlung **der Renten.**

Die Auszahlung der Renten wird auf Anweisung des Vorstandes der **für die Festsetzung der Rente zuständigen** Versicherungsanstalt vorschußweise durch die Postverwaltungen, und zwar in der Regel durch diejenige Postanstalt bewirkt, in deren Bezirk der Empfangsberechtigte zur Zeit des Antrags auf Bewilligung der Rente seinen Wohnsitz hatte. Die Postanstalt ist berechtigt, an den Inhaber **der nach § 86 dem Berechtigten zugestellten Benachrichtigung des Vorstands** Zahlung zu leisten.

Verlegt der Empfangsberechtigte seinen Wohnsitz, so hat auf seinen Antrag der Vorstand der Versicherungsanstalt, welcher die Rente angewiesen hatte, die letztere an die Postanstalt des neuen Wohnortes zur Auszahlung zu überweisen.

Die Zentral-Postbehörden sind berechtigt, von jeder Versicherungsanstalt einen Betriebsfonds einzuziehen. Derselbe ist in vierteljährlichen Theilzahlungen an die den Versicherungsanstalten von der Zentral-Postbehörde zu bezeichnenden Kassen abzuführen und darf die für die Versicherungsanstalt im abgelaufenen Rechnungsjahr vorgeschossenen Beträge nicht übersteigen.

§ **88.**

Rechnungsbureau.

Sobald die Höhe der Rente endgültig feststeht, ist von dem Vorstande der Versicherungsanstalt **Abschrift** des Bescheides **oder der Entscheidung** unter Anschluß der **Urkunden, auf welche sich die Höhe der Rente gründet** (Quittungskarten **u. s. w.**) dem Rechnungsbureau des Reichs-Versicherungsamts einzusenden.

§ **89.**

Das Rechnungsbureau hat alle bei dem Reichs-Versicherungsamt nach Maßgabe dieses Gesetzes vorkommenden rechnerischen **und versicherungstechnischen** Arbeiten auszuführen. Insbesondere liegt demselben ob:

1) die Vertheilung der Renten **(§§ 90, 94)**;

2) die Abrechnung mit den Postverwaltungen(§§ 92 ff.);

3) die Mitwirkung bei den im Vollzuge des Gesetzes herzustellenden statistischen Arbeiten;

4) die Mitwirkung bei Genehmigung der Beiträge der Versicherungsanstalten (§§ 97 ff.).

§ 90.

Vertheilung der Renten.

Zur Feststellung des Maßstabes, nach welchem die im abgelaufenen Rechnungsjahr gezahlten Rentenbeträge auf das Reich und die einzelnen Träger der Versicherung zu vertheilen sind, ermittelt das Rechnungsbureau jährlich für jeden Träger der Versicherung den Kapitalwerth der für denselben festgestellten, noch laufenden Renten, sowie den hiervon auf das Reich gemäß § 26 Abs. 3 und § 28 Abs. 2 entfallenden Antheil. Der nach Abzug des letzteren verbleibende Restkapitalwerth entfällt auf die Träger der Versicherung nach dem aus § 65 sich ergebenden Verhältniß.

Bei der Berechnung des Werths der dem Reich gemäß § 28 Absatz 2 zur Last fallenden Rentenantheile wird bis zu anderweiter Bestimmung des Bundesraths für je fünf ohne Beitragsleistung in Anrechnung kommende Beitragswochen (§ 17 Abs. 2) ein Betrag von 1,20 ℳ zu Grunde gelegt.

Die Belastung der einzelnen Träger der Versicherung mit dem gemeinsam zu tragenden Theil der Rentenlast erfolgt nach Maßgabe ihres Vermögensbestandes zu Anfang des abgelaufenen Rechnungsjahres, unter Hinzurechnung der im Laufe des letzteren vereinnahmten, und unter Absetzung der in derselben Zeit für Verwaltungskosten verausgabten Beträge. Das Reichs-Versicherungsamt ist befugt, für die Berechnung des der Belastung zu Grunde zu legenden Vermögensbestandes der Versicherungsanstalten besondere, für alle gemeinsame Grundsätze festzustellen.

(Der bisherige § 90 fällt fort.)

(Der bisherige § 91 ist jetzt § 87.)

§ 92.

Die Zentral-Postbehörden haben dem Rechnungsbureau Nachweisungen über diejenigen Zahlungen, welche **im verflossenen Rechnungsjahr** auf Grund der Anweisungen der Versicherungsanstalten geleistet worden sind, zuzustellen. Das Rechnungsbureau hat die vorgeschossenen Beträge nach dem gemäß § **90** festgestellten **Verhältniß** auf die **einzelnen Träger der Versicherung und das Reich** zu vertheilen und den **ersteren den von ihnen zu erstattenden Betrag unter Angabe der der Berechnung zu Grunde liegenden Zahlen mitzutheilen. Gegen die Vertheilung ist die Beschwerde bei dem Reichs-Versicherungsamt zulässig. Die** Nachweisung über die dem Reich zur Last fallenden Beträge ist dem Reichskanzler (Reichsamt des Innern) **vorzulegen.**

Den Zentral-Postbehörden hat das Rechnungsbureau mitzutheilen, welche Beträge von dem Reich und von den einzelnen Versicherungsanstalten zu erstatten sind.

§ 93.

Erstattung der Vorschüsse der Postverwaltungen.

Die Versicherungsanstalten haben die von den Postverwaltungen **im** abgelaufenen Rechnungsjahr vorgeschossenen Beträge binnen zwei Wochen nach **Eingang der Mittheilung des Rechnungsbureaus (§ 92)** zu erstatten. Die Erstattung erfolgt aus den bereiten Mitteln der Anstalt. Sind solche nicht vorhanden, so hat der weitere Kommunalverband bezw. der Bundesstaat die erforderlichen Beträge vorzuschießen. Bei gemeinsamen Versicherungsanstalten erfolgt die Aufbringung dieses Vorschusses nach dem im § 44 Absatz 2 festgesetzten Verhältniß.

Gegen Versicherungsanstalten, welche mit der Erstattung der Beträge im Rückstande bleiben, ist auf Antrag der Zentral-Postbehörde von dem Reichs-Versicherungsamt das Zwangsbeitreibungsverfahren einzuleiten.

§ 94.

Verfahren bei besonderen Kasseneinrichtungen.

Die Bestimmungen der §§ 79 bis 82, 86 bis 93 finden auf die nach §§ 5 und 7 zugelassenen Kasseneinrichtungen entsprechende Anwendung. **Für Kasseneinrichtungen, welche außer den auf Grund dieses Gesetzes zu gewährenden Leistungen noch besondere statutarische Leistungen gewähren, eine gesonderte Vermögensverwaltung mit Kapitaldeckung aber für erstere nicht führen, wird bei Feststellung des Maßstabes für die Abrechnung (§ 90) als Vermögensbestand derjenige Betrag zu Grunde gelegt, welcher zur Deckung der nach diesem Gesetze bestehenden Verpflichtungen für erforderlich zu erachten ist. Eine** Vertheilung **der** von Kasseneinrichtungen festgestellten Renten erfolgt **nur dann und in soweit, als** ein Anspruch auf dieselben auch nach den Vorschriften dieses Gesetzes bestehen würde und soweit dieselben das Maß des reichsgesetzlichen Anspruchs nicht übersteigen.

Soweit diese Kasseneinrichtungen die von ihnen festgesetzten Renten ohne Vermittelung der Postanstalten selbst auszahlen, wird ihnen der Reichszuschuß am Schlusse eines jeden Rechnungsjahres direkt überwiesen. Die Versicherungsanstalten, auf welche Theile der von solchen Kasseneinrichtungen gezahlten Renten entfallen, haben diese Antheile nach deren Feststellung durch das Rechnungsbureau den Vorständen der betheiligten Kasseneinrichtungen jährlich zu erstatten.

§ 95.

Erstattung von Beiträgen.

Der Anspruch auf Erstattung von Beiträgen (§§ 30 und 31) ist unter Beibringung der zur Begründung desselben dienenden Beweisstücke bei dem Vorstande derjenigen Versicherungsanstalt, an welche zuletzt Beiträge entrichtet worden sind, geltend zu machen.

Gegen den Bescheid findet nur Beschwerde an das

Reichs-Versicherungsamt statt; dieselbe ist binnen vier Wochen nach Zustellung des Bescheides bei dem Vorstande der Versicherungsanstalt einzulegen. Eine Vertheilung der erstatteten Beiträge auf andere Träger der Versicherung findet nicht statt.

§ 96.

Höhe der Beiträge.

Bis zur Inkraftsetzung eines anderen Beitrages (§ 20) sind in jeder Versicherungsanstalt an wöchentlichen Beiträgen zu erheben:

in Lohnklasse	I	14 ₰
„ „	II	20 „
„ „	III	24 „
„ „	IV	30 „
„ „	**V**	**36** „

§ 97.

Vor Ablauf der in § 20 bestimmten Zeiträume ist eine Prüfung über die Zulänglichkeit der Beiträge durch das Rechnungsbureau des Reichs-Versicherungsamts zu bewirken. Dabei sind **Fehlbeträge** oder Ueberschüsse, welche sich aus der Erhebung der bisherigen Beiträge herausgestellt haben, in der Weise zu berücksichtigen, daß durch die neuen Beiträge **unter Beachtung der Wirkungen des § 90** eine Ausgleichung eintritt.

Ueber die Höhe **der hiernach künftig zu erhebenden** Beiträge hat der Ausschuß einer jeden Versicherungsanstalt nach Anhörung des Vorstandes zu beschließen. Der Beschluß bedarf der Genehmigung des Reichs-Versicherungsamts. Ist **ein in § 20 bezeichneter Zeitraum** bis auf einen Monat abgelaufen, ohne daß ein von dem Reichs-Versicherungsamt genehmigter Beschluß vorliegt, so hat das Reichs-Versicherungsamt die Höhe der für **den nächsten Zeitraum** zu erhebenden Beiträge selbst festzusetzen.

Die Höhe der Beiträge, sowie der Zeitpunkt, von welchem ab dieselben erhoben werden sollen, ist durch diejenigen Blätter, durch welche die Bekanntmachungen der Versicherungsanstalt zu erfolgen haben, zu veröffentlichen. Die Bekanntmachung muß mindestens zwei Wochen vor demjenigen Zeitpunkt erfolgt sein, von welchem ab der Beitrag in der festgestellten Höhe erhoben werden soll.

§ 98.

Die Versicherungsanstalt ist berechtigt, innerhalb **der im § 20 bestimmten Zeiträume zu jeder Zeit eine Prüfung über die Zulänglichkeit der Beiträge (§ 96) herbeizuführen und über die künftig zur Erhebung kommenden Beiträge** zu beschließen. Der Beschluß bedarf der Genehmigung des Reichs-Versicherungsamts. Im übrigen finden auf derartige Beschlüsse die Vorschriften des § 97 Absatz 1 und 3 entsprechende Anwendung.

§ 99.

Marken.

Zum Zweck der Erhebung der Beiträge werden von jeder Versicherungsanstalt für die einzelnen Lohnklassen Marken mit der Bezeichnung ihres Geldwerths ausgegeben. Das Reichs-Versicherungsamt bestimmt **die Zeitabschnitte, für welche die Marken ausgegeben werden sollen, sowie** die Unterscheidungsmerkmale und die Gültigkeitsdauer der Marken. Innerhalb zweier Jahre nach Ablauf der Gültigkeitsdauer können ungültig gewordene Marken bei den zum Markenverkauf bestimmten Stellen gegen gültige Marken umgetauscht werden.

Die Marken einer Versicherungsanstalt können bei allen in ihrem Bezirke belegenen Postanstalten und anderen von der Versicherungsanstalt einzurichtenden Verkaufsstellen gegen Erlegung des Nennwerths käuflich erworben werden.

Zum bisherigen § 100 vergl. § 109 des Entwurfs.

§ 100.

Quittungskarte.

Die Entrichtung der Beiträge erfolgt durch Einkleben eines entsprechenden Betrags von Marken in **eine** Quittungskarte des Versicherten.

Der Versicherte ist verpflichtet, eine Quittungskarte sich ausstellen zu lassen und dieselbe behufs Einklebens der Marken oder Eintragung der Versicherungszeit zu den hierfür vorgesehenen Zeiten vorzulegen (§§ 109a, 112a, 112b). Er kann hierzu von der Ortspolizeibehörde durch Geldstrafen bis zum Betrage von fünf Mark angehalten werden. Ist der Versicherte mit einer Quittungskarte nicht versehen **oder lehnt er deren Vorlegung ab,** so ist der Arbeitgeber berechtigt, für Rechnung des Versicherten eine solche anzuschaffen und den verauslagten Betrag bei der nächsten Lohnzahlung einzubehalten.

§ 101.

Die Quittungskarte enthält das Jahr und den Tag **der** Ausgabe, die über den Gebrauch erlassenen Bestimmungen (§ 108) und die Strafvorschrift des § 151. Im übrigen bestimmt der Bundesrath ihre Einrichtung.

Die Kosten der Quittungskarte trägt, soweit sie nicht für Rechnung des Versicherten zu beschaffen ist **(§ 100 Absatz 2 und § 102 Absatz 2)**, die Versicherungsanstalt des Ausgabebezirks.

§ 102.

Jede Quittungskarte bietet Raum zur Aufnahme der Marken für **mindestens zweiundfünfzig** Beitragswochen. Die Karten sind für jeden Versicherten mit fortlaufenden Nummern zu versehen; die erste für ihn ausgestellte Karte ist am Kopfe mit dem Namen derjenigen Versicherungsanstalt, in deren Bezirk der Versicherte zu dieser Zeit beschäftigt ist, jede folgende mit dem Namen derjenigen Versicherungsanstalt, welche sich auf der nächstvorhergehenden Karte vermerkt findet, zu bezeichnen. Stimmt der auf einer späteren Karte enthaltene Name mit dem auf der ersten Karte enthaltenen Namen nicht überein, so ist der auf der ersten Karte enthaltene Name maßgebend.

Der Versicherte ist berechtigt, auf seine Kosten zu jeder Zeit die Ausstellung einer neuen Quittungskarte gegen Rückgabe der älteren zu beanspruchen.

§ 103.

Die Ausstellung und der Umtausch der Quittungskarten erfolgt durch die von der Landes-Zentralbehörde bezeichnete Stelle.

Die hiernach zuständige Stelle hat die in der zurückgegebenen Karte eingeklebten Marken derart aufzurechnen, daß ersichtlich wird, wieviel Beitragswochen für die einzelnen Lohnklassen dem Inhaber der Karte anzurechnen sind. Gleichzeitig ist die Dauer der bescheinigten Krankheiten **und** militärischen Dienstleistungen **des Inhabers** anzugeben, **welche in die Zeit, für welche die Quittungskarte gilt, entfallen.** Ueber die aus dieser Aufrechnung sich ergebenden Endzahlen ist dem Inhaber der Karte eine Bescheinigung zu ertheilen.

§ 104.

Eine Quittungskarte verliert ihre Gültigkeit, wenn sie nicht bis zum Schlusse des **siebenten** Jahres, welches dem am Kopfe der Karte verzeichneten Jahre (§ 101 Absatz **1**) folgt, zum Umtausche eingereicht worden ist. **Quittungskarten solcher Personen, welche Mitglieder einer zugelassenen besonderen Kasseneinrichtung mit anderweitem Beitragsverfahren geworden sind, verlieren aber ihre Gültigkeit nicht vor dem Schluß desjenigen Kalenderjahres, welches auf das Jahr des Wiederaustritts aus dieser Kasseneinrichtung folgt.**

Ist die Annahme begründet, daß der Versicherte ohne sein Verschulden den rechtzeitigen Umtausch versäumt hat, so kann der Vorstand der Versicherungsanstalt des Beschäftigungsorts auf den Antrag des Versicherten die **Gültigkeitsdauer** der Quittungskarte **erstrecken.**

§ 105.

Verlorene, unbrauchbar gewordene oder zerstörte Quittungskarten sind durch neue zu ersetzen. In die neue Karte sind die **in der älteren** nachweisbar entrichteten Beiträge in beglaubigter Form zu übertragen.

§ 106.

Der Versicherte ist befugt, binnen zwei Wochen nach Aushändigung der Bescheinigung (§ 103) oder der neuen Quittungskarte (§ 105) gegen den Inhalt der Bescheinigung beziehungsweise der **Aufrechnung** Einspruch zu erheben. Gegen die Zurückweisung des Einspruchs findet binnen gleicher Frist **Beschwerde bei der** unmittelbar vorgesetzten Dienstbehörde statt. Die letztere entscheidet hierüber, sowie über andere das Verfahren betreffende Beschwerden endgültig.

§ 107.

Die abgegebenen Quittungskarten sind an die Versicherungsanstalt des Bezirks zu übersenden und von dieser an diejenige Versicherungsanstalt, deren Namen sie tragen, zu überweisen.

Diese ist befugt, den Inhalt von Quittungskarten desselben Versicherten in Sammelkarten (Konten) zu übertragen und diese an Stelle der Einzelurkunden aufzubewahren, die letzteren aber zu vernichten. Das hierbei zu beobachtende Verfahren wird vom Bundesrath bestimmt.

Der Bundesrath hat die Voraussetzungen **und die Formen** zu bestimmen, unter denen die Vernichtung von Quittungskarten **auch in anderen Fällen** zu erfolgen hat.

§ 108.

Die Eintragung eines Urtheils über die Führung oder die Leistungen des Inhabers, sowie sonstige durch dieses Gesetz nicht vorgesehene Eintragungen oder Vermerke in oder an der Quittungskarte sind unzulässig. Quittungskarten, in welchen derartige Eintragungen oder Vermerke sich vorfinden, sind von jeder Behörde, welcher sie zugeben, einzubehalten. Die Behörde hat die Ersetzung derselben durch neue Karten, in welche der zulässige Inhalt der ersteren nach Maßgabe der Bestimmung des § 105 zu übernehmen ist, zu veranlassen.

Dem Arbeitgeber sowie Dritten ist untersagt, die Quittungskarte nach Einklebung der Marken wider den Willen des Inhabers zurückzubehalten. Auf die Zurückbehaltung der Karten seitens der zuständigen Behörden und Organe zu Zwecken des Umtausches, der Kontrole, Berichtigung, Aufrechnung oder Uebertragung findet diese Bestimmung keine Anwendung.

Quittungskarten, welche im Widerspruch mit dieser Vorschrift zurückbehalten werden, sind durch die Ortspolizeibehörde dem Zuwiderhandelnden abzunehmen und dem Berechtigten auszuhändigen. Der erstere bleibt dem letzteren für alle Nachtheile, welche diesem aus der Zuwiderhandlung erwachsen, verantwortlich.

§ 109.

Entrichtung der Beiträge durch die Arbeitgeber.

Die Beiträge des Arbeitgebers und der Versicherten sind von demjenigen Arbeitgeber zu entrichten, welcher den Versicherten während der **Beitrags**woche (§ 17) beschäftigt hat.

Findet die Beschäftigung nicht während der ganzen **Beitragswoche** bei demselben Arbeitgeber statt, so ist von demjenigen Arbeitgeber, welcher den Versicherten zuerst beschäftigt, der volle Wochenbeitrag zu entrichten. **Steht der Versicherte gleichzeitig in mehreren die Versicherungspflicht begründenden Arbeits- oder Dienstverhältnissen, so haften die Arbeitgeber als Gesammtschuldner für die vollen Wochenbeiträge.**

Sofern die thatsächlich verwendete Arbeitszeit nicht festgestellt werden kann, ist der Beitrag für diejenige Arbeitszeit zu entrichten, welche zur Herstellung der Arbeit annähernd für erforderlich zu erachten ist. Im Streitfalle entscheidet auf Antrag eines Theils die untere Verwaltungsbehörde endgültig. Die Versicherungsanstalt ist berechtigt, für die Berechnung derartiger Beiträge besondere Bestimmungen zu erlassen. Dieselben bedürfen der Genehmigung des Reichs-Versicherungsamts.

§ 109a.

Die Entrichtung der Beiträge erfolgt in der Weise, daß der Arbeitgeber (§ 109) bei der Lohnzahlung **nach Verhältniß der Dauer der Beschäftigung** Marken derjenigen Art in die Quittungskarte **einklebt,** welche für die Lohnklasse, die für den Versicherten in Anwendung kommt (§ 22), und, falls die Beiträge für einzelne Berufszweige verschieden bemessen sind (§ 24), für den betreffenden Berufszweig von der für den Beschäftigungsort zuständigen Versicherungsanstalt ausgegeben ist. Die Marken müssen in fortlaufender Reihe eingeklebt werden; der Arbeitgeber hat sie aus eigenen Mitteln zu erwerben.

Die Versicherungsanstalt kann bestimmen, daß und inwieweit Arbeitgeber befugt sein sollen, die Marken zu anderen als den aus den Lohnzahlungen sich ergebenden Terminen beizubringen. In allen Fällen müssen die auf die Dauer des Arbeits- oder Dienstverhältnisses entfallenden Marken spätestens in der letzten Woche des Kalenderjahres oder, sofern das Arbeits- oder Dienstverhältniß früher beendigt wird, bei Beendigung desselben eingeklebt werden.

Der Bundesrath ist befugt, über Entwerthung von Marken Vorschriften zu erlassen und deren Nichtbefolgung mit Strafe zu bedrohen.

§ 109b.

Die Versicherten sind verpflichtet, bei den Lohnzahlungen die Hälfte der Beiträge, **in den Fällen des § 22 Absatz 3 aber den verabredeten höheren Betrag, sich einbehalten zu lassen. Die Arbeitgeber dürfen nur auf diesem Wege den auf die Versicherten entfallenden Betrag wieder einziehen.**

Die Abzüge **für Beiträge sind** auf die Lohnzahlungsperioden, **auf welche sie entfallen, gleichmäßig zu vertheilen. Die Theilbeträge dürfen, ohne daß dadurch Mehrbelastungen der Versicherten herbeigeführt werden, auf volle zehn Pfennig abgerundet werden.**

Sind Abzüge bei einer Lohnzahlungsperiode unterblieben, so dürfen sie für die betreffende Lohnzahlungsperiode nur noch bei der nächstfolgenden Lohnzahlung nachgeholt werden. Diese Bestimmung findet keine Anwendung, wenn wegen verspäteter Feststellung einer bisher streitigen Versicherungspflicht oder aus anderen Gründen Beiträge nachträglich zu verwenden sind, ohne daß den Arbeitgeber hierbei ein Verschulden trifft.

Arbeitgeber, deren Zahlungsunfähigkeit im Zwangsbeitreibungsverfahren festgestellt worden ist, dürfen Lohn-

abzüge nur für diejenige Zeitdauer machen, für welche sie die geschuldeten Beiträge nachweislich bereits entrichtet haben.

§ 110.

Die Erhebung der Beiträge für diejenigen Personen, auf welche die Versicherungspflicht nach § 2 erstreckt worden ist, wird durch Beschluß des Bundesraths geregelt.

§ 111.

Entrichtung der Beiträge durch die Versicherten.

Die versicherungspflichtigen Personen sind befugt, die Beiträge **an Stelle** der Arbeitgeber zu entrichten.

Dem Versicherten, welcher auf Grund **dieser** Bestimmung die vollen Wochenbeiträge entrichtet hat, steht gegen den nach § **109** zur Entrichtung der Beiträge verpflichteten Arbeitgeber der Anspruch auf Erstattung der Hälfte **des Betrages, und in den Fällen des § 22 Abs. 3 auf denjenigen geringeren Betrag zu, welchen der Arbeitgeber nach den getroffenen Vereinbarungen zu tragen hat. Der Anspruch besteht jedoch nur, sofern die Marke ordnungsmäßig entwerthet ist. Der Anspruch ist für die betreffende Lohnzahlungsperiode bei der Lohnzahlung geltend zu machen. Ist dies bei einer Lohnzahlung unterblieben, so darf der Anspruch für die betreffende Lohnzahlungsperiode nur noch bei der nächstfolgenden Lohnzahlung erhoben werden.**

§ 111 a.

Bei freiwilliger Versicherung (§ 8) haben die dieselbe eingehenden Personen Marken derjenigen Versicherungsanstalt beizubringen, in deren Bezirk sie beschäftigt sind oder, sofern eine Beschäftigung nicht stattfindet, sich aufhalten.

Personen, welche für die Dauer einer gegen Lohn oder Gehalt unternommenen Beschäftigung, während deren sie nach §§ 1 a, 3 Absatz 2 oder den vom Bundesrath auf Grund des § 3 Absatz 3 erlassenen Vorschriften der Versicherungspflicht nicht unterliegen, freiwillig sich versichern (§ 8), steht gegen denjenigen Arbeitgeber, welcher, wenn die Versicherungspflicht bestände, nach § 109 zur Entrichtung der Beiträge verpflichtet sein würde, der Anspruch auf Erstattung der Hälfte der für die Dauer der Arbeitszeit entrichteten Beiträge nach Maßgabe des § 111 Absatz 2 zu.

§ 111 b.

Unwirksame Beiträge.

Nach Ablauf von vier Jahren seit der Fälligkeit ist die nachträgliche Entrichtung von Beiträgen für eine versicherungspflichtige Beschäftigung unzulässig. Freiwillige

Beiträge dürfen für eine länger als ein Kalenderjahr zurückliegende Zeit nicht entrichtet werden.

Auf die Wartezeit für die Invalidenrente kommen die zum Zweck der Fortsetzung oder Erneuerung des Versicherungsverhältnisses freiwillig geleisteten Beiträge nur dann zur Anrechnung, wenn für den Versicherten auf Grund der Versicherungspflicht oder der **Selbstversicherung** für mindestens **einhundertzehn** Beitragswochen Beiträge geleistet worden sind.

§ 112.

Einziehung der Beiträge.

Durch die Landes-Zentralbehörde, oder mit Genehmigung derselben durch das Statut einer Versicherungsanstalt, oder mit Genehmigung der höheren Verwaltungsbehörde durch statutarische Bestimmung eines weiteren Kommunalverbandes oder einer Gemeinde kann, abweichend von den Vorschriften des § **109a** Absatz 1, angeordnet werden, **daß die Beiträge**

1) für alle Versicherten durch gemeinsame von der Versicherungsanstalt einzurichtende örtliche Hebestellen,

2) für diejenigen Versicherten, welche einer **Orts-, Betriebs- (Fabrik-), Bau-, Innungs-**Krankenkasse **oder einer Knappschaftskasse** angehören, durch deren Organe,

3) für diejenigen **Versicherten,** welche keiner solchen Kasse angehören, durch Gemeindebehörden oder andere von der Landes-Zentralbehörde bezeichnete Stellen, oder durch örtliche von der Versicherungsanstalt **einzurichtende** Hebestellen für Rechnung der Versicherungsanstalt eingezogen werden. In **den** Fällen **der Ziffern 1 und 3** können Bestimmungen über die Verpflichtung zur Anmeldung und Abmeldung der Versicherten getroffen und Zuwiderhandlungen mit Geldstrafe bis zu einhundert Mark bedroht werden.

Sofern in Gemäßheit der vorstehenden Bestimmungen die Einziehung der Beiträge durch örtliche Hebestellen der Versicherungsanstalten angeordnet wird, sind die letzteren verpflichtet, solche Hebestellen auf ihre Kosten an den von der höheren Verwaltungsbehörde bezeichneten Stellen zu errichten.

Die Versicherungsanstalten sind verpflichtet, den mit der Einziehung der Beiträge beauftragten Krankenkassen, **Gemeindebehörden und sonstigen von der Landes-Zentralbehörde bezeichneten** Stellen eine von der Landes-Zentralbehörde zu bestimmende Vergütung zu gewähren.

Den örtlichen Hebestellen der Versicherungsanstalten (Absatz 1 Ziffer 1 und 3) kann durch Bestimmung der höheren Verwaltungsbehörde die Einziehung der Krankenversicherungsbeiträge übertragen werden. In diesen Fällen sind die betheiligten Krankenkassen verpflichtet, zu den Kosten der Hebestelle beizutragen. Die näheren Bestimmungen hierüber sind nach Anhörung der betheiligten Versicherungs-

anstalten und Krankenkassen von der höheren Verwaltungsbehörde zu treffen.

§ 112 a.

In den Fällen des § 112 werden durch die Einzugsstellen die Beiträge zugleich mit den Beiträgen zur Krankenversicherung an deren Fälligkeitsterminen, bei solchen Versicherten aber, für welche Krankenversicherungsbeiträge nicht einzuziehen sind, zu den von der Einzugsstelle bestimmten Terminen von den Arbeitgebern eingezogen und die den eingezogenen Beträgen entsprechenden Marken in die Quittungskarten der Versicherten eingeklebt. Dabei findet die Bestimmung des § 100 Absatz 2 entsprechende Anwendung.

Durch die höhere Verwaltungsbehörde oder mit Genehmigung der Landes-Zentralbehörde durch die Versicherungsanstalt kann angeordnet werden, daß die Krankenkassen und sonstigen Einzugsstellen Marken nicht zu verwenden brauchen, sofern sie in die Quittungskarten der Versicherten handschriftlich oder durch Verwendung eines Stempels die Versicherungsanstalt, die Arbeitsdauer und die Lohnklasse, für welche die Beiträge entrichtet sind, eintragen. Der Eintragungsvermerk muß die Bezeichnung der Einzugsstelle und die Unterschrift des die Beiträge einziehenden Beamten enthalten.

§ 112 b.

Wird die Einziehung der Beiträge angeordnet, so kann einzelnen Arbeitgebern von der die Einziehung anordnenden Stelle gestattet werden, die Beiträge der von ihnen beschäftigten Personen durch Verwendung von Marken nach den Vorschriften der §§ 109 und 109 a selbst zu entrichten. Von solchen Verfügungen ist der Einzugsstelle Kenntniß zu geben.

Reichs-, Staats- und Kommunalbehörden können für die von ihnen beschäftigten versicherungspflichtigen Personen die Entrichtung der Beiträge nach den Bestimmungen der §§ 109 und 112 a Absatz 2 übernehmen. Sofern dies geschieht, ist der Versicherungsanstalt und der Einzugsstelle entsprechende Mittheilung zu machen.

Bei freiwilliger Versicherung (§ 8) findet die Einziehung der Beiträge nicht statt.

§ 113.

Sofern eine im § 112 Absatz 1 vorgesehene Anordnung getroffen ist, können auf demselben Wege Bestimmungen dahin getroffen werden, daß

1) die Ausstellung und der Umtausch der Quittungskarten (§§ 103 und 105) durch die nach § 112 Absatz 1 mit der Einziehung der Beiträge beauftragten Stellen stattzufinden hat;

2) die auf die Versicherten entfallende Hälfte der Beiträge von den Versicherten unmittelbar eingezogen wird;

3) für diejenigen Versicherten, deren Beschäftigung durch **die Natur ihres Gegenstandes** oder im voraus durch den Arbeitsvertrag auf einen Zeitraum von weniger als einer Woche beschränkt ist, die auf die Versicherten entfallende Hälfte der Beiträge unmittelbar von den Versicherten, die auf die Arbeitgeber entfallende Hälfte aber von dem weiteren Kommunalverbande beziehungsweise der Gemeinde entrichtet und durch sie von den Arbeitgebern wieder eingezogen wird. **Für diese Fälle hat die Versicherungsanstalt den mit der Einziehung der Beiträge beauftragten Krankenkassen, Gemeindebehörden und sonstigen von der Landes-Zentralbehörde bezeichneten Stellen besondere Vergütungen zu gewähren, deren Höhe von der Landes-Zentralbehörde zu bestimmen ist.**

§ 114.

Die im § 112 Absatz 1 Ziffer **2** und § 113 **Absatz 1 Ziffer 1** vorgesehenen Maßregeln **können** für die Mitglieder einer Krankenkasse (§ 135) auch durch das Kassenstatut, und für diejenigen Versicherten, welche einer für Reichs- oder Staatsbetriebe errichteten Krankenkasse angehören, auch durch die den Verwaltungen dieser Betriebe vorgesetzte Dienstbehörde getroffen werden.

§ 115.

Der Versicherte ist berechtigt, die Quittungskarte bei der die Beiträge einziehenden Stelle, solange er in dem Bezirke dieser Stelle versichert ist, zu hinterlegen.

§ 116.

Abrundung.

Ergeben sich bei den zwischen Arbeitgebern und Versicherten stattfindenden Abrechnungen Bruchpfennige, so ist die auf den Arbeitgeber entfallende Hälfte nach oben, die auf den Versicherten entfallende Hälfte nach unten auf volle Pfennige abzurunden.

§ 117.

Fällt fort, siehe jedoch § 111b Absatz 2.

§ 118.

Fällt fort.

§ 119.

Fällt fort.

§ 120.

Fällt fort.

§ 121.

Fällt fort.

§ 122.

Streitigkeiten.

Streitigkeiten zwischen den Organen der Versicherungsanstalten einerseits und Arbeitgebern oder Arbeitnehmern oder den im § 8 bezeichneten Personen andererseits, oder zwischen Arbeitgebern und Arbeitnehmern über die Frage, ob oder zu welcher Versicherungsanstalt, in welcher Lohnklasse, oder, sofern die Beiträge für einzelne Berufszweige verschieden bemessen sind (§ 24), für welchen Berufszweig Beiträge zu entrichten sind, werden von der für den Beschäftigungsort (§ 41) zuständigen unteren Verwaltungsbehörde entschieden. Gegen deren Entscheidung steht den Betheiligten binnen vier Wochen nach der Zustellung die Beschwerde an die höhere Verwaltungsbehörde zu, welche endgültig entscheidet.

Besteht Meinungsverschiedenheit über die Frage, welche untere beziehungsweise höhere Verwaltungsbehörde zur Entscheidung zuständig sei, so wird die zuständige Behörde von der den betheiligten Behörden gemeinsam zunächst vorgesetzten Behörde, sofern aber mehrere Bundesstaaten in Betracht kommen und eine Einigung ihrer Zentralbehörden nicht stattfindet, vom Reichskanzler bestimmt.

§ 123.

Die Vorschriften des § 122 finden auch auf Streitigkeiten zwischen den Organen verschiedener Versicherungsanstalten über die Frage, zu welcher derselben für bestimmte Personen Beiträge zu entrichten sind, Anwendung.

§ 124.

Im übrigen werden Streitigkeiten zwischen dem Arbeitgeber und den von ihm beschäftigten Personen über die Berechnung und Anrechnung der für diese zu entrichtenden oder im Falle **der §§** 111 **und 111a** denselben zu erstattenden Beiträge von der unteren Verwaltungsbehörde (§ 122) endgültig entschieden.

§ 125.

Nach endgültiger Erledigung dieser Streitigkeiten hat die untere Verwaltungsbehörde von Amtswegen dafür zu sorgen, daß zu wenig erhobene Beträge durch nachträgliche Verwendung von Marken beigebracht werden. Zu viel erhobene Beträge sind auf Antrag von der Versicherungsanstalt wieder einzuziehen und nach Vernichtung der in die Quittungskarten eingeklebten betreffenden Marken und Berichtigung der Aufrechnungen an die betheiligten Arbeitgeber und Versicherten zurückzuzahlen.

Handelt es sich um die Verwendung von Marken einer nicht zuständigen Versicherungsanstalt, so ist nach Vernichtung derjenigen Marken, welche irrthümlich beigebracht sind, ein der Zahl der Beitragswochen entsprechender Betrag von Marken der zuständigen Versicherungsanstalt beizubringen. Der Betrag der vernichteten Marken ist von der Versicherungsanstalt, welche sie ausgestellt hatte, wieder einzuziehen und zwischen den betheiligten Arbeitgebern und Versicherten entsprechend zu theilen.

Kann der Arbeitgeber nicht mehr ermittelt werden, so ist nur dem Versicherten der auf ihn entfallende Betrag zurückzugeben.

Zu den vorstehend bezeichneten Rückzahlungen ist die Versicherungsanstalt auch dann verpflichtet, wenn die Versicherungspflicht oder das Recht zur freiwilligen Versicherung (§ 8) endgültig verneint worden ist (§§ 75 ff., 122).

An die Stelle der Vernichtung von Marken kann in den nach Ansicht der unteren Verwaltungsbehörde dazu geeigneten Fällen die Einziehung der Quittungskarten und nach Uebertragung der gültigen Eintragungen derselben die Ausstellung neuer Quittungskarten treten.

§ 126.

Kontrole.

Die Versicherungsanstalten sind befugt, mit Genehmigung des Reichs-Versicherungsamts zum Zweck der Kontrole Vorschriften zu erlassen. Sie sind ferner befugt, die Arbeitgeber zur rechtzeitigen Erfüllung dieser Vorschriften durch Geldstrafen bis zum Betrage von je einhundert Mark anzuhalten. Das Reichs-Versicherungsamt kann den Erlaß derartiger Vorschriften anordnen und dieselben, sofern solche Anordnung nicht befolgt wird, selbst erlassen.

Die Arbeitgeber sind verpflichtet, über die Zahl der von ihnen beschäftigten Personen und über die Dauer der Beschäftigung den Organen der Versicherungsanstalt, sowie den mit der Kontrole beauftragten Behörden oder Beamten auf Verlangen Auskunft zu ertheilen und denselben diejenigen Geschäftsbücher oder Listen, aus welchen jene Thatsachen hervorgehen, zur Einsicht während der Betriebszeit an Ort und Stelle vorzulegen. Ebenso sind die Versicherten zur Ertheilung von Auskunft über Ort und Dauer ihrer Beschäftigung verpflichtet. Die Arbeitgeber und die Versicherten sind ferner verbunden, den bezeichneten Organen, Behörden und Beamten auf Erfordern die Quittungskarten behufs Ausübung der Kontrole und Herbeiführung der etwa erforderlichen Berichtigungen gegen Bescheinigung auszuhändigen. Sie können hierzu von der unteren Verwaltungsbehörde durch Geldstrafen bis zum Betrage von je dreihundert Mark angehalten werden.

§ 127.

Berichtigungen der Quittungskarten erfolgen, sofern die Betheiligten über dieselben einverstanden sind, auf dem im § 125 angegebenen Wege durch die die Kontrole ausübenden Organe, Behörden oder Beamten, oder durch die die Beiträge einziehenden Organe, anderenfalls nach Erledigung des Streitverfahrens gemäß der Vorschriften der §§ 122 bis 124.

§ 128.

Die durch die Kontrole der Versicherungsanstalten erwachsenden Kosten gehören zu den Verwaltungskosten. Soweit dieselben in baaren Auslagen bestehen, können sie durch den Vorstand der Versicherungsanstalt dem Arbeitgeber auferlegt werden, wenn derselbe durch Nichterfüllung der ihm obliegenden Verpflichtungen zu ihrer Aufwendung Anlaß gegeben hat. Gegen die Auferlegung der Kosten findet binnen zwei Wochen nach Zustellung des Beschlusses die Beschwerde an die untere Verwaltungsbehörde (§ 122) statt. Diese entscheidet endgültig. Die Beitreibung der auferlegten Kosten erfolgt in derselben Weise wie die der Gemeindeabgaben.

§ 129.

Vermögensverwaltung.

Die Bestände der Versicherungsanstalten **müssen in der durch §§ 1807 und 1808 des Bürgerlichen Gesetzbuchs bezeichneten Weise angelegt werden. Sofern der Bezirk der Versicherungsanstalt sich nicht über das Gebiet eines Bundesstaats hinaus erstreckt, kann die Anlegung auch in der nach Art. 212 des Einführungsgesetzes zum Bürgerlichen Gesetzbuch durch das Landesgesetz zugelassenen Weise erfolgen.**

Auf Antrag einer Versicherungsanstalt kann der Kommunalverband beziehungsweise die Zentralbehörde des Bundesstaats, für welchen die Versicherungsanstalt errichtet ist, widerruflich gestatten, einen Theil des Anstaltsvermögens in anderer **als der nach Absatz 1 zulässigen Weise, insbesondere** in Grundstücken anzulegen. Bei gemeinsamen Versicherungsanstalten entscheidet über derartige Anträge, falls eine Verständigung nicht erzielt wird, die Landes-Zentralbehörde oder, sofern mehrere Landes-Zentralbehörden betheiligt sind, der Bundesrath. Mehr als **die Hälfte ihres** Vermögens **darf jedoch eine** Versicherungsanstalt in der bezeichneten Weise nicht an**legen.**

Zeitweilig verfügbare Gelder dürfen mit Genehmigung der Zentralbehörde desjenigen Bundesstaats, in dessen Gebiet die Versicherungsanstalt ihren Sitz hat, auch bei anderen als den in §§ 1807 und 1808 des Bürgerlichen Gesetzbuchs bezeichneten Kreditanstalten vorübergehend angelegt werden.

Ueber die Aufbewahrung von Werthpapieren **trifft die im Absatz 3 bezeichnete Landes**-Zentralbehörde Bestimmung.

§ 130.

Die Versicherungsanstalten sind verpflichtet, dem Reichs-Versicherungsamt nach näherer Anweisung desselben und in den von ihm vorzuschreibenden Fristen Uebersichten über ihre Geschäfts- und Rechnungsergebnisse einzureichen.

Die Art und Form der Rechnungsführung bei den Versicherungsanstalten wird durch das Reichs-Versicherungsamt geregelt.

Das Rechnungsjahr ist das Kalenderjahr.

V. Aufsicht.

§ 131.

Reichs-Versicherungsamt.

Die Versicherungsanstalten unterliegen der Beaufsichtigung durch das Reichs-Versicherungsamt. Das Aufsichtsrecht des letzteren erstreckt sich **insbesondere** auf die Beobachtung der gesetzlichen und statutarischen Vorschriften.

Alle Entscheidungen des Reichs-Versicherungsamts sind endgültig, soweit in diesem Gesetze nicht ein Anderes bestimmt ist.

Das Reichs-Versicherungsamt ist befugt, jederzeit eine Prüfung der Geschäftsführung der Versicherungsanstalten vorzunehmen. Die Mitglieder der Vorstände und sonstigen Organe der Versicherungsanstalten sind auf Erfordern des Reichs-Versicherungsamts zur Vorlegung ihrer Bücher, Beläge, Werthpapiere und Geldbestände, sowie ihrer auf den Inhalt der Bücher und die Festsetzung der Renten ꝛc. bezüglichen Schriftstücke verpflichtet. Das Reichs-Versicherungsamt kann dieselben hierzu, sowie zur Befolgung der gesetzlichen, statutarischen **und der auf Grund des Aufsichtsrechts von ihm erlassenen** Vorschriften durch Geldstrafen bis zu eintausend Mark anhalten.

§ 132.

Das Reichs-Versicherungsamt entscheidet, unbeschadet der Rechte Dritter, über Streitigkeiten, welche sich auf die Rechte und Pflichten der Organe der Versicherungsanstalten sowie der Mitglieder dieser Organe, auf die Auslegung der Statuten und auf die Gültigkeit der vollzogenen Wahlen, soweit über letztere nicht nach § 49 Absatz 4 zu befinden ist, beziehen.

Auf die dienstlichen Verhältnisse der auf Grund **der §§** 47 Absatz 1 **und 51 Absatz 2** bestellten Beamten findet diese Vorschrift keine Anwendung.

§ 133.

Die Entscheidungen des Reichs-Versicherungsamts erfolgen in der Besetzung von mindestens **fünf** Mitgliedern, **einschließlich des Vorsitzenden,** unter welchen sich je ein Vertreter der Arbeitgeber und der Versicherten **und mindestens ein ständiges Mitglied, welches die Befähigung zum Richteramt besitzt,** befinden muß, wenn es sich handelt:

1) um die Entscheidung über eine Anfechtung von Beschlüssen der Organe der Versicherungsanstalten (§§ 46, 63),

2) um die Entscheidung vermögensrechtlicher Streitigkeiten bei Veränderungen des Bestandes der Versicherungsanstalten **(§§ 68, 69),**

3) um die Entscheidung auf Revisionen gegen die Entscheidungen der Schiedsgerichte **(§ 80).**

Statt des zum Richteramt befähigten ständigen Mitgliedes kann ein richterlicher Beamter **zu den Entscheidungen zugezogen werden.**

Als Vertreter der Arbeitgeber und der Versicherten gelten auch für den Bereich dieses Gesetzes die auf Grund der Unfallversicherungsgesetze zu nichtständigen Mitgliedern des Reichs-Versicherungsamts gewählten Vertreter der Betriebsunternehmer und der Arbeiter, ohne Beschränkung auf die Angelegenheiten ihres besonderen Berufszweiges.

Im übrigen werden die Formen des Verfahrens und der Geschäftsgang des Reichs-Versicherungsamts durch Kaiserliche Verordnung unter Zustimmung des Bundesraths geregelt.

§ 134.

Landes-Versicherungsämter.

Sofern für das Gebiet eines Bundesstaates ein Landes-Versicherungsamt errichtet ist (§ 92 des Unfallversicherungsgesetzes, § 100 des Gesetzes vom 5. Mai 1886, Reichs-Gesetzbl. S. 132), unterliegen diejenigen Versicherungsanstalten, welche sich über das Gebiet dieses Bundesstaates nicht hinaus erstrecken, der Beaufsichtigung des Landes-Versicherungsamts. Auf die Landes-Versicherungsämter finden die Vorschriften der §§ 131 bis 133 entsprechende Anwendung.

In den Angelegenheiten der den Landes-Versicherungsämtern unterstellten Versicherungsanstalten gehen die in den §§ **20,** 56, 68, 93, **95,** 97, 98, 100, 126, 145 dem Reichs-Versicherungsamt übertragenen Zuständigkeiten auf das Landes-Versicherungsamt über.

Die Formen des Verfahrens und der Geschäftsgang bei dem Landes-Versicherungsamt werden durch die Landesregierung geregelt.

§ 134a.

Landes-Zentralbehörden.

Der Genehmigung der Landes-Zentralbehörde bedürfen:

1) Beschlüsse der weiteren Kommunalverbände über die Bestellung der Vorstandsbeamten (§ 47 Absatz 1, § 51 Absatz 2),

2) die Festsetzung der Besoldungen für die sonst dem Vorstande angehörenden Personen (§ 47 Absatz 3, § 51 Absatz 2, § 54 Ziffer 6),

3) die Festsetzung der Zahl der Bureau-, Kanzlei- und Unterbeamten, sowie der Kontrolbeamten und die Regelung ihrer Bezüge,

4) Beschlüsse des Vorstandes über den Erwerb, die Veräußerung oder die Belastung von Grundstücken der Versicherungsanstalt, sofern nicht nach dem pflichtgemäßen Ermessen des Vorstandes Gefahr im Verzuge ist (§ 55 Ziffer 4),

5) die Errichtung von Dienstgebäuden, Krankenhäusern und Heilstätten der Versicherungsanstalt, sowie die Höhe der zu ihrer Instandsetzung und Unterhaltung aufzuwendenden Kosten.

Die Landes-Zentralbehörde ist befugt, anzuordnen, daß bei der Anlegung des Anstaltsvermögens einzelne nach § 129 zugelassene Gattungen zinstragender Papiere nur bis zu einem von ihr näher zu bestimmenden Betrage erworben werden dürfen.

Erstreckt sich der Bezirk der Versicherungsanstalt über Gebiete mehrerer Bundesstaaten, so ist die Genehmigung im Einvernehmen mit den betheiligten Landesregierungen von der Zentralbehörde des Bundesstaats zu ertheilen, in dem sich der Sitz der Versicherungsanstalt befindet. Falls ein Einverständniß unter den betheiligten Landesregierungen nicht erzielt wird, entscheidet der Bundesrath.

VI. Schluß-, Straf- und Uebergangsbestimmungen.

§ 135.

Krankenkassen.

Als Krankenkassen im Sinne dieses Gesetzes gelten die Orts-, Betriebs-(Fabrik-), Bau- und Innungs-Krankenkassen, die Knappschaftskassen sowie die Gemeinde-Krankenversicherung und landesrechtrechtliche Einrichtungen ähnlicher Art.

§ 136.

Besondere Bestimmungen für Seeleute.

Seeleute (§ 1 Absatz 1 Ziffer 1 des Gesetzes vom 13. Juli 1887, Reichs-Gesetzbl. S. 329) sind bei derjenigen Versicherungsanstalt zu versichern, in deren Bezirk sich der Heimathshafen des Schiffes befindet.

Die für Seeleute zu entrichtenden Beiträge **dürfen nach näherer Bestimmung der Versicherungsanstalten nach dem für die Unfallversicherung der Seeleute abgeschätzten Bedarf an Besatzungsmannschaften der einzelnen Schiffe** von den Rhedern **entrichtet werden. Ueber das Verfahren bei Entrichtung der** Beiträge können durch den Bundesrath von den Vorschriften dieses Gesetzes abweichende Bestimmungen getroffen werden.

Für Seeleute, welche sich außerhalb Europas aufhalten, beträgt die Frist zur Einlegung von Rechtsmitteln drei Monate. Die Frist kann von derjenigen Behörde, gegen deren Bescheid das Rechtsmittel stattfindet, weiter erstreckt werden.

An die Stelle der unteren Verwaltungsbehörde tritt bei Seeleuten das Seemannsamt, und zwar im Inlande das Seemannsamt des Heimathshafens, im Auslande dasjenige Seemannsamt, welches zuerst angegangen werden kann.

Die für Seeleute ausgestellten Quittungskarten verlieren ihre Gültigkeit, unbeschadet der Vorschriften des § 104, nicht vor dem Schluß desjenigen Kalenderjahres, welches auf das Jahr folgt, in dem der Seemannsberuf wieder aufgegeben wird.

§ 137.

Beitreibung.

Rückstände sowie die in die Kasse der Versicherungsanstalt fließenden Strafen werden in derselben Weise beigetrieben wie Gemeindeabgaben. Rückstände haben das Vorzugsrecht des § 54 Nr. 1 der Konkursordnung vom 10. Februar 1877 (Reichs-Gesetzbl. S. 351) und verjähren binnen vier Jahren nach der Fälligkeit.

§ 138.

Zuständige Landesbehörden.

Die Zentralbehörden der Bundesstaaten bestimmen, welche Verbände als weitere Kommunalverbände anzusehen, und von welchen Staats- oder Gemeindebehörden bezw. Vertretungen die in diesem

Gesetze den Staats- und Gemeindeorganen sowie den Vertretungen der weiteren Kommunalverbände zugewiesenen Verrichtungen wahrzunehmen sind.

Die von den Zentralbehörden der Bundesstaaten in Gemäßheit vorstehender Vorschrift erlassenen Bestimmungen sind durch den Reichs-Anzeiger bekannt zu machen.

§ 139.

Zustellungen.

Zustellungen, welche den Lauf von Fristen bedingen, können durch die Post mittels eingeschriebenen Briefes erfolgen.

Personen, welche nicht im Inlande wohnen, können von der zustellenden Behörde aufgefordert werden, einen Zustellungsbevollmächtigten zu bestellen. Wird ein solcher innerhalb der gesetzten Frist nicht bestellt, so kann die Zustellung durch öffentlichen Aushang während einer Woche in den Geschäftsräumen der zustellenden Behörde oder der Organe der Versicherungsanstalten ersetzt werden. **Das Gleiche gilt, wenn** der Aufenthalt **des Empfängers** unbekannt ist.

§ 140.

Gebühren- und Stempelfreiheit.

Alle zur Begründung und Abwickelung der Rechtsverhältnisse zwischen den Versicherungsanstalten einerseits und den Arbeitgebern oder Versicherten andererseits erforderlichen schiedsgerichtlichen und außergerichtlichen Verhandlungen und Urkunden sind gebühren- und stempelfrei. Dasselbe gilt für privatschriftliche Vollmachten und amtliche Bescheinigungen, welche auf Grund dieses Gesetzes zur Legitimation oder zur Führung von Nachweisen erforderlich werden.

§ 141.

Rechtshilfe.

Die öffentlichen Behörden sind verpflichtet, den im Vollzuge dieses Gesetzes an sie ergehenden Ersuchen des Reichs-Versicherungsamts, der Landes-Versicherungsämter, der Schiedsgerichte, der Vorstände der Versicherungsanstalten **und Sektionen** sowie anderer öffentlicher Behörden zu entsprechen und den bezeichneten Vorständen auch unaufgefordert alle Mittheilungen zukommen zu lassen, welche für den Geschäftsbetrieb der Versicherungsanstalten von Wichtigkeit sind. Die gleiche Verpflichtung liegt den Organen der Versicherungsanstalten unter einander sowie den Organen der Berufsgenossenschaften und der Krankenkassen ob.

Die durch die Erfüllung dieser Verpflichtungen entstehenden Kosten sind von den Versicherungsanstalten als eigene Verwaltungskosten insoweit zu erstatten, als sie in Tagegeldern und Reisekosten von Beamten oder von Organen der Versicherungsanstalten, Berufsgenossenschaften und Krankenkassen, sowie in Gebühren für Zeugen und Sachverständige oder in sonstigen baaren Auslagen bestehen.

Auf die nach §§ 5 und 7 zugelassenen Kasseneinrichtungen finden diese Bestimmungen, soweit es sich um die auf Grund ihrer Zulassung ihnen obliegenden Aufgaben handelt, entsprechende Anwendung.

§ 142.

Strafbestimmungen.

Arbeitgeber, welche in die von ihnen auf Grund gesetzlicher oder von der Versicherungsanstalt erlassener Bestimmung aufzustellenden Nachweisungen oder Anzeigen Eintragungen aufnehmen, deren Unrichtigkeit ihnen bekannt war oder bei gehöriger Aufmerksamkeit nicht entgehen konnte, können von dem Vorstande der Versicherungsanstalt mit Ordnungsstrafe bis zu fünfhundert Mark belegt werden.

§ 143.

Arbeitgeber, welche es unterlassen, für die von ihnen beschäftigten, dem Versicherungszwange unterliegenden Personen Marken in zureichender Höhe und in vorschriftsmäßiger Beschaffenheit rechtzeitig (§ **109a**) zu verwenden **oder die Versicherungsbeiträge rechtzeitig abzuführen (§§ 112, 112a)**, können von dem Vorstande der Versicherungsanstalt, **im Falle des Einzugsverfahrens von dem Vorstande der Krankenkasse beziehungsweise von der Hebestelle** mit Ordnungsstrafe bis zu dreihundert Mark belegt werden. Eine Bestrafung findet nicht statt, wenn die rechtzeitige Verwendung der Marken von einem anderen Arbeitgeber oder Betriebsleiter (§ 144) oder im Falle des § 111 von dem Versicherten bewirkt worden ist.

§ 144

Der Arbeitgeber ist befugt, die Aufstellung der nach gesetzlicher oder statutarischer Vorschrift erforderlichen Nachweisungen oder Anzeigen, sowie die Verwendung von Marken auf bevollmächtigte Leiter seines Betriebes zu übertragen.

Name und Wohnort von solchen bevollmächtigten Betriebsleitern sind dem Vorstande der Versicherungsanstalt mitzutheilen. Begeht ein derartiger Bevollmächtigter eine in den §§ 142 bezw. 143 mit Strafe bedrohte Handlung, so finden auf ihn die in diesen Paragraphen vorgesehenen Strafen Anwendung.

§ 145.

Gegen die auf Grund dieses Gesetzes oder der Statuten von den Organen der Versicherungsanstalten oder den Schiedsgerichtsvorsitzenden erlassenen Strafverfügungen findet binnen zwei Wochen nach deren Zustellung die Beschwerde an das Reichs-Versicherungsamt statt. **Gegen die beim Einzugsverfahren (§§ 112, 112a, 143) erlassenen Strafverfügungen findet binnen der gleichen Frist Beschwerde an die Aufsichtsbehörde der die Verfügung erlassenden Stelle statt. Bestreitet der Beschwerdeführer seine Beitragspflicht, so ist diese Frage auf dem im § 122 bezeichneten Wege zum Austrag zu bringen.**

Die von den vorbezeichneten Organen sowie von den Verwaltungsbehörden auf Grund dieses Gesetzes festgesetzten Strafen fließen, soweit nicht in diesem Gesetze abweichende Bestimmungen getroffen sind, in die Kasse der Versicherungsanstalt.

§ 146.

Fällt fort.

§ 147.

Den Arbeitgebern und ihren Angestellten ist untersagt, durch Uebereinkunft oder mittels Arbeitsordnungen die Anwendung der Bestimmungen dieses Gesetzes zum Nachtheil der Versicherten ganz oder theilweise auszuschließen oder dieselben in der Uebernahme oder Ausübung eines in Gemäßheit dieses Gesetzes ihnen übertragenen Ehrenamts zu beschränken. Vertragsbestimmungen, welche diesem Verbote zuwiderlaufen, haben keine rechtliche Wirkung.

Arbeitgeber oder deren Angestellte, welche derartige Verträge geschlossen haben, werden, sofern nicht nach anderen gesetzlichen Vorschriften eine härtere Strafe eintritt, mit Geldstrafe bis zu dreihundert Mark oder mit Haft bestraft.

§ 148.

Die gleiche Strafe (§ 147) trifft

1) Arbeitgeber, welche den von ihnen beschäftigten, dem Versicherungszwange unterliegenden Personen **an Beiträgen** wissentlich mehr bei der Lohnzahlung in Anrechnung bringen, **als nach § 109 b oder den auf Grund des § 22 Absatz 3 getroffenen besonderen Vereinbarungen zulässig ist;**

2) Angestellte, welche einen solchen größeren Abzug wissentlich bewirken;

3) Versicherte, welche, sofern sie selbst die Beiträge entrichten, von dem Arbeitgeber in der Absicht, sich oder einem Dritten einen rechtswidrigen Vermögensvortheil zuzuwenden oder den Arbeitgeber zu schädigen, mehr erstattet verlangen, als nach §§ 111 und 111 a oder den auf Grund des § 22 Absatz 3 getroffenen besonderen Vereinbarungen zulässig ist;

4) diejenigen Personen, welche dem Berechtigten eine Quittungskarte widerrechtlich vorenthalten.

§ 149.

Arbeitgeber, welche den von ihnen beschäftigten Personen auf Grund des § 109 b Lohnbeträge in Abzug bringen, diese aber in der Absicht, sich oder einem Dritten einen rechtswidrigen Vermögensvortheil zu verschaffen oder die Versicherungsanstalt oder die Versicherten zu schädigen, der Versicherungsanstalt vorenthalten, werden mit Gefängniß bestraft, neben welchem auf Geldstrafe bis zu dreitausend Mark sowie auf Verlust der bürgerlichen Ehrenrechte erkannt werden kann. Sind mildernde Umstände vorhanden, so kann ausschließlich auf Geldstrafe erkannt werden.

§ 150.

Die Strafbestimmungen der §§ 142, 143, 147 bis 149 finden auch auf die gesetzlichen Vertreter handlungsunfähiger Arbeitgeber, desgleichen auf die Mitglieder des Vorstandes einer Aktiengesellschaft, Innung oder eingetragenen Genossenschaft, sowie auf die Liquidatoren einer Handelsgesellschaft, Innung oder eingetragenen Genossenschaft Anwendung.

§ 151.

Wer in Quittungskarten Eintragungen oder Vermerke macht, welche nach § 108 unzulässig sind, **oder wer in Quittungskarten den Vordruck oder die zur Ausfüllung des Vordrucks eingetragenen Worte oder Zahlen verändert, kann von der unteren Verwaltungsbehörde mit Ordnungsstrafe bis zu zehn Mark belegt werden.**

Sind die Eintragungen, Vermerke oder Veränderungen in der Absicht gemacht worden, den Inhaber der Quittungskarte anderen Arbeitgebern gegenüber zu kennzeichnen, so tritt Geldstrafe bis zu zweitausend Mark oder Gefängniß bis zu sechs Monaten **ein.** Sind mildernde Umstände vorhanden, so kann statt der Gefängnißstrafe auf Haft erkannt werden.

Sind die Eintragungen, Vermerke oder Veränderungen in der Absicht gemacht worden, sich oder einem Dritten einen rechtswidrigen Vermögensvortheil zu verschaffen oder einen Anderen zu schädigen, so finden die Strafbestimmungen des § 149 Anwendung.

§ 152.

Die Mitglieder der Vorstände und sonstiger Organe der Versicherungsanstalten sowie die das Aufsichtsrecht über dieselben ausübenden Beamten werden, wenn sie unbefugt Betriebsgeheimnisse offenbaren, welche kraft ihres Amts zu ihrer Kenntniß gelangt sind, mit Geldstrafe bis zu eintausendfünfhundert Mark oder mit Gefängniß bis zu drei Monaten bestraft.

Die Verfolgung tritt nur auf Antrag des Betriebsunternehmers ein.

§ 153.

Die im § 152 bezeichneten Personen werden mit Gefängniß, neben welchem auf Verlust der bürgerlichen Ehrenrechte erkannt werden kann, bestraft, wenn sie absichtlich zum Nachtheile der Betriebsunternehmer Betriebsgeheimnisse, welche kraft ihres Amts zu ihrer Kenntniß gelangt waren, offenbaren, oder wenn sie geheim gehaltene Betriebseinrichtungen oder Betriebsweisen, welche kraft ihres Amts zu ihrer Kenntniß gelangt sind, solange als diese Betriebsgeheimnisse sind, nachahmen.

Thun sie dies, um sich oder einem Anderen einen Vermögensvortheil zu verschaffen, so kann neben der Gefängnißstrafe auf Geldstrafe bis zu dreitausend Mark erkannt werden.

§ 154.

Mit Gefängniß nicht unter drei Monaten, neben welchem auf Verlust der bürgerlichen Ehrenrechte erkannt werden kann, wird bestraft, wer unechte Marken in der Absicht anfertigt, sie als echt zu verwenden, oder echte Marken in der Absicht verfälscht, sie zu einem höheren Werthe zu verwenden, oder wissentlich von falschen oder verfälschten Marken Gebrauch macht.

Dieselbe Strafe trifft denjenigen, welcher Marken verwendet, veräußert oder feilhält, **obwohl er weiß oder den Umständen nach annehmen muß, daß die Marken bereits einmal verwendet worden sind.** Sind mildernde Umstände vorhanden, so kann auf Geldstrafe bis zu dreihundert Mark oder Haft erkannt werden.

Zugleich ist auf Einziehung der Marken zu erkennen, ohne Unterschied, ob sie dem Verurtheilten gehören oder nicht. Auf diese Einziehung ist auch dann zu erkennen, wenn die Verfolgung oder Verurtheilung einer bestimmten Person nicht stattfindet.

§ 155.

Mit Geldstrafe bis zu einhundertfünfzig Mark oder mit Haft wird bestraft, wer ohne schriftlichen Auftrag einer Versicherungsanstalt oder einer Behörde

1) Stempel, Siegel, Stiche, Platten oder andere Formen, welche zur Anfertigung von Marken dienen können, anfertigt oder an einen Anderen als die Versicherungsanstalt beziehungsweise die Behörde verabfolgt,

2) den Abdruck der in Ziffer 1 genannten Stempel, Siegel, Stiche, Platten oder Formen unternimmt oder Abdrücke an einen Anderen als die Versicherungsanstalt beziehungsweise die Behörde verabfolgt.

Neben der Geldstrafe oder Haft kann auf Einziehung der Stempel, Siegel, Stiche, Platten oder Formen erkannt werden, ohne Unterschied, ob sie dem Verurtheilten gehören oder nicht.

§ 156.

Uebergangsbestimmungen.

Bei Versicherten, welche **innerhalb** der ersten fünf Kalenderjahre, **nachdem** die **Invaliditäts- und Altersversicherung für ihren Berufszweig in Kraft getreten ist,** erwerbsunfähig werden, **wird auf** die Wartezeit für die Invalidenrente (§ 16 Ziffer 1) **auch die Dauer einer früheren Beschäftigung angerechnet, sofern diese zu denjenigen gehört, für welche** die Versicherungspflicht **demnächst eingeführt worden ist.**

Die Anrechnung erfolgt aber nur, insoweit die frühere Beschäftigung in die letzten fünf Jahre vor Eintritt der Erwerbsunfähigkeit **entfällt,** und nur dann, wenn nachher **eine die Versicherungspflicht begründende Beschäftigung für die** Dauer **von mindestens vierundvierzig Wochen bestanden hat.**

Die Vorschrift des § **111b** Absatz **2** findet auf **diese Personen** während der **im Absatz 1 bezeichneten Zeit** keine Anwendung.

§ 157.

Bei Versicherten, welche **zu der** Zeit, **als die Invaliditäts- und Altersversicherung** für **ihren Berufszweig in Kraft trat,**

das **fünfundvierzigste** Lebensjahr vollendet haben, **werden auf** die Wartezeit für die Altersrente (§ 16 Ziffer 2) soviel Wochen **angerechnet**, als ihr Lebensalter **zu diesem Zeitpunkt fünfundvierzig volle Jahre** überstiegen hat.

Die Anrechnung erfolgt aber nur dann, wenn sie den Nachweis liefern, daß sie während der dem Inkrafttreten unmittelbar vorangegangenen drei Kalenderjahre **berufsmäßig, wenn auch nicht ununterbrochen, eine Beschäftigung gehabt haben, für welche** die Versicherungspflicht **demnächst eingeführt worden ist.**

§ 158.

In den Fällen der §§ 156 und 157 wird **für die Zeit vor der Begründung der Versicherungspflicht** eine unter § 17 Absatz 2 fallende Krankheit oder militärische Dienstleistung einem Arbeits- oder Dienstverhältniß gleich geachtet.

Dasselbe gilt **für** den Zeitraum von **höchstens** vier Monaten während eines Kalenderjahres

1) von **Zeiten vorübergehender** Unterbrechung **eines ständigen** Arbeits- oder Dienstverhältnisses **zu einem bestimmten Arbeitgeber;**

2) von Zeiten vorübergehender Unterbrechung einer berufsmäßigen Beschäftigung, soweit es sich um eine Beschäftigung handelt, die nach ihrer Natur alljährlich für einige Zeit vorübergehend unterbrochen zu werden pflegt (Saisonarbeit);

3) von einer zu Zwecken des Verdienstes unternommenen Beschäftigung mit Spinnen, Stricken oder ähnlichen leichten häuslichen Arbeiten, wie sie landesüblich von alternden oder schwächlichen Leuten geleistet zu werden pflegen.

§ 159.
Fällt fort.

§ 160.
Fällt fort.

§ 161.
Fällt fort.

§ 162.
Fällt fort.

Begründung.

Allgemeiner Theil.

Das Gesetz, betreffend die Invaliditäts- und Altersversicherung, vom 22. Juni 1889 hat während seiner nunmehr fast sechsjährigen Wirksamkeit in erheblichem Maße dazu beigetragen, die wirthschaftliche Lage der arbeitenden Klassen zu verbessern. Von den Versicherungsanstalten und zugelassenen besonderen Kasseneinrichtungen sind bis zum 31. Dezember 1895 425 477 Renten bewilligt worden. Im Jahre 1895 bezogen rund 347 700 Personen Renten, deren Gesammtbetrag sich auf 41,6 Millionen Mark belief.

Die Schwierigkeiten, welche anfänglich bei der Durchführung dieser völlig neuen und in die gesammten wirthschaftlichen Verhältnisse tief eingreifenden Versicherung naturgemäß hervorgetreten waren, sind gegenwärtig zum großen Theil überwunden. Die Invaliditäts- und Altersversicherung ist bezüglich der ständigen Arbeiter im wesentlichen durchgeführt; bei den unständigen Arbeitern ist dies allerdings noch nicht in vollem Umfange der Fall.

Die Grundlagen des Gesetzes haben sich im allgemeinen bewährt, wenigstens ist es bisher noch nicht gelungen, etwas Besseres an deren Stelle vorzuschlagen. Nur die Bestimmungen über die Vertheilung der Rentenlast unter die einzelnen Träger der Versicherung haben sich als abänderungsbedürftig erwiesen. Die jetzige Art der Vertheilung der Rentenlast, bei welcher nur die Zahl und Höhe der geleisteten Beiträge, aber nicht die auch vom Lebensalter abhängige Verschiedenheit ihres Versicherungswerths in Betracht kommt, hat zu Unzuträglichkeiten geführt, denen jedenfalls abgeholfen werden muß. Im übrigen erscheint die Abänderung verschiedener Einzelbestimmungen des Gesetzes, die aber die Grundlagen desselben nicht berühren, zur Beseitigung hervorgetretener Zweifel und Mängel geboten. Unter den Abänderungsvorschlägen des Entwurfs haben besondere Bedeutung die Verbesserungen und Erleichterungen, welche für das Verfahren zur Entrichtung der Beiträge durch in Quittungskarten einzuklebende Marken (Markensystem) in Aussicht genommen sind. Das Markensystem als solches ist im Entwurf beibehalten worden, da eine die Beitragsmarke in ihrer Eigenschaft als Quittung über die Beitragsleistung und als Nachweis für die Arbeitsdauer und die Lohnhöhe ersetzende und hierfür bequemere Einrichtung nicht in Vorschlag gebracht werden kann.

Der Entwurf hat nach dem Vorgang der Novelle zum Krankenversicherungsgesetz vom 10. April 1892 (Reichs-Gesetzbl. S. 379) den auch für die Unfallversicherung beschrittenen Weg der Einzelrevision verfolgt. Die Frage der Reform der gesammten Arbeiterversicherung und deren Vereinfachung durch Zusammenlegung aller oder mehrerer Zweige der Versicherung kann zur Zeit noch nicht befriedigend gelöst werden. So wünschenswerth die Zusammenlegung im Grundsatz auch sein mag, so sind doch die Schwierigkeiten und Weiterungen, die einer solchen Maßnahme noch entgegenstehen, schon deshalb sehr erheblich, weil die Meinungen über den hierbei einzuschlagenden Weg noch völlig auseinandergehen. Die ganze Angelegenheit erscheint im gegenwärtigen Zeitpunkt noch nicht spruchreif. Bis zu ihrer endgültigen Erledigung können die Aenderungen des Invaliditäts- und Altersversicherungsgesetzes, die sich in der Praxis als dringlich erwiesen haben, nicht hinausgeschoben werden. Um aber das Ineinandergreifen der verschiedenen Zweige der Arbeiterversicherung schon im jetzigen Stadium möglichst zu fördern, sieht der Entwurf in mehreren Punkten eine noch nähere Verbindung der Invaliditäts- und Altersversicherung mit der Unfallversicherung und der Krankenversicherung, wie sie schon gegenwärtig besteht, vor und erweitert damit die Grundlage, auf der im Falle einer umfassenden Revision der Arbeiterversicherung möglicherweise wird weiter gebaut werden können.

Vor näherem Eingehen auf die Einzelheiten des Entwurfs mögen über die allgemeinen, hier in Betracht kommenden Gesichtspunkte, ohne dieselben erschöpfend erörtern zu wollen, noch folgende Ausführungen vorangeschickt werden.

1) Zusammenlegung der Invaliditäts- und Altersversicherung mit anderen Zweigen der Arbeiterversicherung.

Bei Prüfung der Frage, ob eine Zusammenlegung der Invaliditäts- und Altersversicherung mit anderen Zweigen der Arbeiterversicherung ins Auge zu fassen ist, kann neben einer etwaigen Verschmelzung sämmtlicher Versicherungszweige auch eine beschränktere Zusammenlegung in Betracht kommen, sei es die Vereinigung der Kranken- mit der Invaliditätsversicherung unter Aufrechthaltung einer selbständigen Unfallversicherung, sei es die Zusammenlegung der Unfall- und der Invaliditätsversicherung unter Aufrechthaltung einer selbstständigen Krankenversicherung.

Zu Gunsten einer Verbindung der Kranken- und der Invaliditätsversicherung läßt sich insbesondere geltend machen, daß ein naher innerer Zusammenhang und deshalb mannigfache Wechselbeziehungen zwischen diesen beiden Zweigen der Versicherung bestehen. Die Invalidität ist in den meisten Fällen der Abschluß einer Krankheit von längerer oder kürzerer Dauer, und der Rentenbewerber hat vor Anmeldung seines Rentenanspruchs in der Regel schon die Fürsorge der Krankenkassen in Anspruch genommen. Es läge deshalb an sich nahe, die Entscheidung über den Entschädigungsanspruch in beiden Richtungen denselben Amtsstellen zu übertragen.

Weiterhin kann nicht verkannt werden, daß die Durchführung der Krankenversicherung materiell für die Träger der Invaliditätsversicherung von größter Bedeutung ist, weil eine umfassende sorgfältige Krankenfürsorge dem Eintritt der Invalidität vielfach vorbeugt und dadurch die Invaliditätsversicherung entlastet. Dazu kommt, daß zu den Lasten beider Zweige der Versicherung sowohl die Arbeitgeber wie die Arbeitnehmer, wenn auch in verschiedenem Umfang, beitragen und demgemäß auch die Verwaltung gemeinsam führen, sowie, daß beide Zweige der Versicherung schon jetzt im wesentlichen örtlich organisiert sind.

Die Verschmelzung der Kranken- und Invaliditätsversicherung würde jedoch kaum durchgeführt werden können, bevor durch eine Ausdehnung der Krankenversicherungspflicht auf alle von ihr noch nicht erfaßten Berufszweige, für welche die Invaliditäts- und Altersversicherung gilt, eine gleichmäßige Begrenzung des Kreises der versicherten Personen herbeigeführt wäre. Außerdem aber würden sich auch aus der verschiedenen Natur des Risikos und aus der damit im Zusammenhang stehenden Art der Organisation ernste Schwierigkeiten ergeben.

Was zunächst den Kreis der Versicherten anbetrifft, so unterliegen der allgemeinen Krankenversicherungspflicht zur Zeit nicht die land- und forstwirthschaftlichen Arbeiter, das Gesinde und die unständigen Arbeiter. Die Erstreckung der Versicherungspflicht auf diese Kategorien ist wiederholt Gegenstand der Verhandlungen gewesen und zuletzt noch bei der Novelle zum Krankenversicherungsgesetz vom 10. April 1892 eingehend erörtert worden. Dabei ist indessen die Aufrechthaltung des bisherigen Rechtszustandes beschlossen, wonach die Krankenversicherungspflicht nur durch statutarische Bestimmungen auf die in der Land- und Forstwirthschaft beschäftigten Arbeiter und Betriebsbeamten sowie auf unständige Arbeiter erstreckt werden kann, bis zum Erlaß einer solchen Bestimmung aber diese Personen zu freiwilliger Versicherung bei der Gemeindekrankenversicherung ebenso berechtigt sind, wie die Dienstboten. Die für diesen Entschluß maßgebenden Gründe bestehen auch gegenwärtig noch fort. Ueberdies haben sich neuerdings die Ertragsverhältnisse in der Land- und Forstwirthschaft nicht verbessert, und es ist daher schon aus diesem Grunde zur Zeit nicht räthlich, diesem Berufszweige durch allgemeine Ausdehnung der Krankenversicherungspflicht auf die land- und forstwirthschaftlichen Arbeiter und Betriebsbeamten neue Lasten aufzuerlegen. Die unständigen Arbeiter bereiten bei der Durchführung einer Versicherung gerade wegen des häufigen Wechsels ihrer Beschäftigung besondere Schwierigkeiten; man wird deshalb zur Zeit Bedenken tragen, diese Schwierigkeiten durch Erweiterung eines für sie noch nicht geltenden Zweiges der Zwangsversicherung zu vermehren.

Bei den aus der Organisation sich ergebenden Fragen ist in erster Linie zu beachten, daß für die Invaliditäts- und Altersversicherung große, dauernd leistungsfähige Verbände, für die Krankenversicherung kleine, örtlich abgegrenzte, den Versicherten thunlichst nahe gerückte Kassen zu errichten waren. Dies hat sich in der Praxis bewährt.

Gerade die Mannigfaltigkeit seiner Organisationen in Anpassung an die besonderen Verhältnisse hat es bewirkt, daß das Krankenversicherungsgesetz sich schnell eingelebt und seine Durchführung zu erheblichen Anständen nicht geführt hat. Einzelne Zweifel und Unzuträglichkeiten hat die Novelle vom 10. April 1892 wirksam beseitigt. Sollte aber im Interesse einer weitergehenden Vereinfachung der Arbeiterversicherung die bisherige Organisation der Krankenversicherung beseitigt werden, so würde bei dieser Aenderung jedenfalls auch bezüglich der Krankenversicherung eine im wesentlichen gleich gut funktionierende Einrichtung geschaffen werden müssen. Als eine solche kann aber die Zentralisierung der Krankenversicherung und ihre Verschmelzung mit der Invaliditätsversicherung nicht betrachtet werden. Im Gegensatz zu den bei der Rentenversicherung (Unfall-, Invaliden- und Altersversicherung) in Frage kommenden seltenen, aber dauernden Leistungen von relativ hohem Kapitalwerth handelt es sich bei der Krankenversicherung um häufig eintretende, vorübergehende Unterstützungen von relativ geringem Kapitalwerth. Diese Unterstützungen müssen, wenn sie ihren Zweck erfüllen sollen, sofort geleistet werden; ihre Bewilligung darf nicht von der Erledigung von Vorfragen abhängig gemacht werden, die mehr oder weniger zeitraubende Verhandlungen erfordern. Ferner sind die Voraussetzungen des Krankenunterstützungsanspruchs und namentlich seiner Fortdauer derart, daß sie nur von solchen Organen mit Sicherheit beurtheilt und überwacht werden können, welche den in Betracht kommenden Verhältnissen nahestehen und dieselben an Ort und Stelle selbst festzustellen im stande sind. Diese Aufgaben weisen für die Organisation der Krankenversicherung auf kleine örtliche Bezirke mit leicht erreichbaren, sofort entscheidenden Organen hin. Hierdurch ist auch die nothwendige Sorgfalt und Sparsamkeit in der Verwaltung besser gesichert, als dies bei größeren Verbänden voraussichtlich der Fall sein würde. Bei der Vereinigung der Krankenversicherung mit der Invaliditätsversicherung würden die Lasten der Versicherung auf die großen Verbände der Versicherungsanstalten übergehen und die Krankenfürsorge würde aus den reichen Mitteln dieser Anstalten gewährt werden. Selbst wenn dann für die Durchführung der Krankenfürsorge örtliche Hilfsbehörden (Arbeiterversicherungsämter) eingerichtet würden, würden die Bezirke derselben im allgemeinen, insbesondere auf dem platten Lande, doch wohl erheblich umfangreicher gestaltet werden, wie die bisherigen Krankenkassenbezirke. Endlich würden auch die jetzt für die Durchführung der Krankenversicherung wahlweise zugelassenen Hilfskassen ohne Beitrittspflicht, deren Bezirke sich mehrfach über das ganze Reich erstrecken einer Organisation nach großen örtlichen Bezirken Schwierigkeiten entgegensetzen.

Eine Aenderung der Organisation in der Weise, daß die jetzigen Krankenkassen unter Belassung ihrer Selbständigkeit zu großen Verbänden vereinigt, diese aber mit der Durchführung der Invaliditäts- und Altersversicherung betraut werden, würde die Vereinfachung der Gesammtorganisation um so weniger zur Folge haben, als schon gegenwärtig die Verwaltungskörper der Versicherungsanstalten durch die Organe der Krankenkassen gewählt werden. Außerdem aber besteht dabei das Bedenken, daß ein solcher Verband bei den häufigen Veränderungen in dem Versicherungsbestande der einzelnen Krankenkassen schwerlich die für die Durchführung der Invaliditätsversicherung erforderliche Stabilität bieten würde.

Da es nun andererseits schon wegen der Größe des Risikos, das die Invaliditätsversicherung mit sich bringt, ausgeschlossen ist, daß etwa die letztere lediglich den einzelnen Krankenkassen überwiesen wird, so wird sich trotz der im Einzelfalle häufigen Wechselbeziehungen eine einheitliche Organisation der Kranken- und Invaliditätsversicherung, die beiden Versicherungen gleichmäßig Rechnung trägt, bis auf weiteres nicht durchführen lassen. Man wird sich vielmehr darauf beschränken müssen, nach Möglichkeit ein immer engeres Zusammenarbeiten der getrennten Versicherungszweige zur Förderung der Interessen der Betheiligten sicher zu stellen. Diesen Gesichtspunkten trägt der Entwurf nicht nur durch weitere Ausgestaltung der den Versicherungsanstalten gestatteten vorbeugenden Krankenpflege (§ 12), sondern auch durch die Förderung gemeinsamer Beitragserhebung (§§ 112 ff.) thunlichst Rechnung.

Für eine Verbindung der Unfallversicherung mit der Invaliditätsversicherung läßt sich die innere Verwandtschaft beider Zweige der Versicherung geltend machen. Bei beiden handelt es sich um die Fürsorge für Fälle langandauernder Erwerbsunfähigkeit; bei beiden um wenig zahlreiche, aber im einzelnen um so schwerere Risiken; bei beiden um Belastungen durch mehrjährige Renten; beide Zweige werden im Gegensatz zur Krankenversicherung durch große kapitalkräftige Verbände durchgeführt. Eine Verbindung dieser beiden Zweige der Versicherung wäre in verschiedener Form denkbar.

Die Frage zunächst, ob es möglich und zweckmäßig wäre, die Durchführung der Invaliditäts- und Altersversicherung allgemein den Berufsgenossenschaften der Unfallversicherung zu übertragen, ist bei den Vorberathungen zum Invaliditäts- und Altersversicherungsgesetz vom 22. Juni 1889 eingehend erwogen worden. Von der Durchführung einer solchen Maßregel ist aber damals außer aus anderen Gründen in erster Linie deshalb abgesehen worden, weil die Organisation der Unfallversicherung nicht abgeschlossen war. Auch jetzt ist die Unfallversicherung für zahlreiche Berufszweige, deren Arbeiter der Versicherungspflicht nach dem Invaliditäts- und Altersversicherungsgesetz unterworfen sind, nicht durchgeführt, und es ist zweifelhaft, ob sie für sämmtliche bei der Invaliditätsversicherung betheiligte Klassen überhaupt berufsgenossenschaftlich wird durchgeführt werden können. Auch hier treten bei der verschiedenen Begrenzung der unter die Versicherung fallenden Personen ähnliche Schwierigkeiten hervor, wie bei einer Zusammenlegung der Krankenversicherung mit der Invaliditätsversicherung. Dazu kommt, daß die jetzige Organisation und Verwaltung der Berufsgenossenschaften durchgreifende Aenderungen würde erfahren müssen, wenn letztere gleichzeitig die Invaliditätsversicherung übernehmen sollen. Bei der Invaliditätsversicherung müssen die Versicherten wegen ihrer Beitragsverpflichtung nicht nur dann, wenn es sich um die Feststellung der Renten handelt, sondern auch bei der Verwaltung des Vermögens, bei Festsetzung der Verwaltungskosten und bei sonstigen Geschäften der laufenden Verwaltung in gleicher Weise betheiligt werden wie die Unternehmer, die jetzt die Verwaltung der Berufsgenossenschaften allein führen. Auch darf nicht übersehen werden, daß dann für die Durchführung der Invaliditätsversicherung an jedem einzelnen Ort genau so viel Organisationen in Betracht kommen würden, als Berufsgenossenschaften dort vertreten sind, während gegenwärtig an jedem Ort nur eine einzige Versicherungsanstalt wirkt. Die Organisation der Invaliditätsversicherung würde also nicht einfacher, sondern komplizierter werden.

Der umgekehrte Weg, sämmtliche Berufsgenossenschaften aufzulösen und die Durchführung der Unfallversicherung allgemein den Versicherungsanstalten zu übertragen, kann ebenfalls nicht empfohlen werden. Die berufsgenossenschaftliche Organisation hat sich mindestens für die Betriebszweige, welche in der Hauptsache Großbetriebe umfassen, ferner aber auch für die gesammte Land- und Forstwirthschaft als zweckmäßig erwiesen. Ihre Beseitigung würde von allen denjenigen, welchen die Berufsgenossenschaften lieb geworden sind, schwer empfunden und nur dann mit in den Kauf genommen werden, wenn mit anderen Organisationen ganz überwiegende und sofort in die Augen springende Vorzüge verbunden wären. Daß eine solche Verbesserung als solche allgemein anerkannt werden würde, muß bei den weiter unten auszuführenden Bedenken bezweifelt werden.

Die berufsgenossenschaftliche Organisation wird von zahlreichen ehrenamtlichen Organen mit anerkennenswerthem Gemeinsinn bei reiner Selbstverwaltung getragen. Es würde zweifelhaft sein, ob auf die gleiche opferwillige Freudigkeit auch dann gerechnet werden könnte, wenn sie nach Beseitigung dieser den Betriebsunternehmern lieb gewordenen Einrichtung auch für eine ganz andere Organisation gefordert werden sollte, die sich erst bewähren müßte und bei der eine erhebliche Beschränkung der Selbstverwaltung um deswillen nicht würde entbehrt werden können, weil wegen des Reichszuschusses zu den Invaliditäts- und Altersrenten Berufsbeamte im Vorstande mitwirken müßten.

Sodann würde bei einer Auflösung der Berufsgenossenschaften zunächst die schwerwiegende Frage befriedigend zu lösen sein, wer die aus dem für die Unfallversicherung maßgebenden Umlageverfahren entstandene ungedeckte Rentenbelastung der Berufsgenossenschaften übernehmen und die bereits bewilligten Unfallrenten, für die ein ausreichendes Deckungskapital nicht vorhanden ist, deren künftige Jahresbeträge vielmehr bei der Natur des Umlageverfahrens erst später aufzubringen sind, weiter zahlen soll. Eine Uebertragung dieser ungedeckten Lasten der Vergangenheit, deren Höhe bei den verschiedenen Berufsgenossenschaften je nach der Größe ihrer Unfallgefahr und der Höhe des zur theilweisen Ausgleichung angesammelten Reservefonds naturgemäß verschieden ist, auf die territorialen Versicherungsanstalten, oder etwa auf das Reich oder die Bundesstaaten, als die Garanten der Berufsgenossenschaften, würde in hohem Maße bedenklich sein. Die Uebertragung auf die Versicherungsanstalten, zu deren Lasten die Arbeitnehmer in gleicher Höhe beitragen wie die Arbeitgeber, würde nicht ohne einige Berechtigung so angesehen werden können, als wolle man finanzielle Verpflichtungen, welche durch den Gesetzgeber aus wohlerwogenen Gründen auf die Schultern der Unternehmer gelegt seien, nicht nur für die Zukunft, sondern in erheblichem Umfang auch für die Vergangenheit zur Hälfte den Arbeitnehmern auferlegen. Eine diesen Bedenken Rechnung tragende anderweite Vertheilung der Lasten der Versicherungsanstalten unter die Arbeitgeber und die Arbeitnehmer würde bei der in den ungedeckten Lasten aus der Unfallversicherung bestehenden Ungleichheit auf erhebliche praktische Schwierigkeiten stoßen und schon deshalb zu widerrathen sein. Eine Heranziehung der Garantieverbände aber muß grundsätzlich schon um deswillen beanstandet werden, weil von einer finanziellen Leistungsunfähigkeit der einzelnen Berufsgenossenschaften (und nur in diesem Falle haben die Garantieverbände nach den bestehenden gesetzlichen Vorschriften einzutreten) nicht die Rede sein kann. Es käme dann, was die Deckung der aus früheren Belastungsfällen entstandenen Verpflichtungen der Berufsgenossenschaften anbelangt, nur etwa noch in Frage, die Berufsgenossenschaften lediglich zu dem Zweck weiter bestehen zu lassen, um diese Lasten durch Erhebung von Beiträgen allmählich zu tilgen, oder sie zwar aufzulösen, ihre Lasten aber auf deren einzelne Mitglieder zu vertheilen und von diesen einzuziehen. Hierbei werden sich so erhebliche, mit Kosten und Weiterungen verbundene praktische Schwierigkeiten und Unzuträglichkeiten ergeben, daß eine solche Maßregel schon aus diesem Grunde bedenklich erscheint, zumal sie in den Kreisen der Unternehmer nicht dazu beitragen würde, die Zufriedenheit mit der sozialpolitischen Gesetzgebung des Reichs zu vermehren.

Einer Verschmelzung beider Zweige der Arbeiterversicherung mit einander stehen aber, mag sie auf die eine oder die andere Weise durchgeführt werden, abgesehen von den soeben erörterten Schwierigkeiten, noch weitere Bedenken entgegen. Man würde im Falle einer solchen Verschmelzung für die Zukunft nothwendig zu einem einheitlichen Beitragssystem und zwar entweder zum Kapitaldeckungsverfahren, sei es in Form des Prämiensystems oder der Kapitaldeckung nach Perioden, wie es das Invaliditäts- und Altersversicherungsgesetz vorsieht, oder zum Umlageverfahren der Unfallversicherung gelangen müssen. Die Einführung des Umlageverfahrens für die Invaliditätsversicherung würde aber keinesfalls räthlich sein. Die Bedenken, welche bei Berathung des Gesetzes vom 22. Juni 1889 gegen dieses Verfahren in seiner Anwendung auf die Invaliditätsversicherung geltend gemacht wurden, bestehen auch jetzt in vollem Umfang. Es darf nur daran erinnert werden, wie schwer es empfunden werden müßte, wenn neben der erheblichen Steigerung der Beiträge für die Unfallversicherung gleichzeitig auch die Beiträge für die Invaliditätsversicherung alljährlich erheblich höher würden. Die der mathematischen Denkschrift (zu §§ 90 ff.) als Anlage beigefügte Uebersicht stellt auf Grund der bisherigen Erfahrungen näher fest, wie sich die durch das Umlageverfahren bekanntlich bedingte Steigung der Beiträge zur Unfallversicherung in der Industrie gestalten wird. Das Ergebniß weicht von der früheren Schätzung für die Industrie, wie sie bei der Berathung des Unfallversicherungsgesetzes vom 6. Juli 1884 veröffentlicht worden ist, nicht erheblich ab. Hiernach wird bei der industriellen Unfallversicherung bis zum Eintritt des Beharrungszustandes allein für Entschädigungen noch eine Steigerung auf das 3,6fache des Betrages für das Jahr 1894, also um 360 Prozent, bei der landwirthschaftlichen Unfallversicherung aber noch eine Steigerung auf das 5fache, also um 500 Prozent, des Betrages für das Jahr 1894 eintreten. Bei der Invaliditäts- und Altersversicherung würde das Umlageverfahren nothwendig gleichfalls zu fortlaufender erheblicher Steigerung führen müssen. Diese würde in Verbindung mit der für die Unfallversicherung eintretenden Steigerung besonders empfindlich sein und um so bedenklicher wirken, als dann die jährlich wachsende Höhe der aus der Arbeiterversicherung entstehenden Lasten auch die Arbeitnehmer mit treffen würde. Die Einführung des Kapitaldeckungsverfahrens für die Unfallversicherung dagegen würde die gegenwärtigen Unternehmer mit einer nicht unerheblichen Mehrbelastung treffen und deshalb schwerlich auf Beifall zu rechnen haben.

Bei einer Verschmelzung der Unfallversicherung mit der Invaliditätsversicherung würden aber auch praktische Schwierigkeiten und Weitläufigkeiten in der Verwaltung, insbesondere bei der Erhebung der Beiträge hervortreten. Auf die Eintheilung der Betriebe in Gefahrenklassen, je nach der mit denselben verbundenen Unfallgefahr, und auf eine entsprechende Abstufung der Beiträge zur Unfallversicherung würde auch nach Auflösung der Berufsgenossenschaften nicht verzichtet werden können. Das Aufheben dieser bisherigen Individualisierung der einzelnen Betriebsarten und Betriebszweige, welche einen Vorzug unserer Unfallversicherung darstellt, würde als ein Rückschritt empfunden werden. Wenn aber die gemeinsamen Träger der Unfall- und der Invaliditätsversicherung für den einen Zweig der Versicherung Gefahrenklassen einführen, so würde ein Gleiches bei dem anderen Zweige kaum vermieden werden können. Denn darüber besteht kein Zweifel, daß in der That die zur Invalidität führende Gefährdung der Gesundheit in den einzelnen Berufszweigen vielleicht ebenso verschieden ist, wie die Unfallgefahr, keineswegs aber mit der letzteren sich deckt. Eine ungleichmäßige Behandlung des für die Belastung wichtigen Gefahrenmoments würde aber um so mehr auffallen, wenn sie innerhalb desselben Trägers der Versicherung bestände. Die Berücksichtigung der zwischen den einzelnen Berufszweigen bezüglich der Höhe ihrer Gefährlichkeit (Risikos) bestehenden Verschiedenheiten, die im Gesetz vom 22. Juni 1889 den Versicherungsanstalten fakultativ überlassen werden konnte, müßte also obligatorisch werden. Daß hierdurch die Uebersicht und die richtige Bemessung der Beiträge nicht erleichtert werden würde, bedarf keiner weiteren Ausführung.

Ein weiterer Weg für eine Zusammenlegung der gesammten Rentenversicherung (Unfall- und Invaliden- und Altersrenten) wäre nun noch etwa der, daß diese Zweige der Versicherung in Form einer bloßen Verwaltungsgemeinschaft theils durch Berufsgenossenschaften, theils durch territorial abgegrenzte Versicherungsanstalten je für ihren Bezirk gemeinsam durchgeführt würden. Die bestehenden Berufsgenossenschaften würden, soweit sie nicht aufzulösen wären, in einer besonderen Abtheilung auch die Invaliditäts- und Altersversicherung der in ihren Betrieben beschäftigten Versicherten durchführen; für alle anderen Berufszweige, einschließlich derjenigen, deren bisherige berufsgenossenschaftliche Zusammenfassung aufzulösen wäre, würden territoriale Anstalten mit den gleichen Aufgaben errichtet werden.

Eine Vereinfachung der Gesammtorganisation würde hierbei nur dann erreicht werden, wenn die Zahl der Berufsgenossenschaften, welche aufgelöst und deren Betriebe in die territorialen Anstalten gewiesen werden, eine große ist. Die Zahl der territorialen Anstalten darf, wenn die Verwaltung nicht über Gebühr erschwert werden soll, unter die Zahl der jetzigen Versicherungsanstalten nicht herabgehen. Je mehr Berufsgenossenschaften aber aufgelöst werden, desto häufiger treten die oben hervorgehobenen Bedenken gegen eine solche Maßnahme in den Vordergrund. Dabei würde man für die Bezirke der Provinzen und ähnlicher weiterer Kommunalverbände in der Regel zu zwei parallel laufenden Organisationen kommen, wenn man sich nicht etwa dazu entschließen will, auch die land- und forstwirthschaftlichen Berufsgenossenschaften aufzulösen und für die Betriebe der Land- und Forstwirthschaft gemeinsam mit der aus aufgelösten industriellen Berufsgenossenschaften ins Freie gefallenen industriellen Betrieben neue gemeinsame örtliche Anstalten zur gemeinsamen Durchführung der Invaliditäts-, Alters- und Unfallversicherung zu errichten.

Dies würde aber den Interessen der Land- und Forstwirthschaft schwerlich entsprechen. Gerade in diesem Berufszweig befriedigt die jetzige Organisation der Unfallversicherung wegen ihrer Einfachheit und Durchsichtigkeit ganz besonders. Werden derselben Anstalt, welche die Unfallversicherung für die Land- und Forstwirthschaft durchzuführen hat, andere Betriebe mannigfaltigster Art zugewiesen, so muß die einfache und wenig kostspielige Organisation, welcher sich die landwirthschaftliche Unfallversicherung gegenwärtig erfreut, schon infolge der dann unausbleiblichen Bildung von Gefahrenklassen einem verwickelten und kostspieligen Mechanismus weichen. Es würde auch in Frage kommen, ob bei der Vereinigung landwirthschaftlicher und zahlreicher sonstiger Betriebe zu gemeinsamen Anstalten der jetzige Rechtszustand aufrecht erhalten werden könnte, wonach die Unfallrenten bei ersteren nach dem Durchschnittsverdienst land- und forstwirthschaftlicher Arbeiter, in industriellen Betrieben nach dem Individualverdienst des Verletzten, also nach ganz anderen Gesichtspunkten, bemessen werden. Auch die Erhebung der Unfallversicherungsbeiträge nach dem Maßstab der Grundsteuer, wie sie jetzt bei der Land- und Forstwirthschaft als Regel besteht, während in der Industrie die Beiträge nach Maßgabe der gezahlten, in jährlichen Lohnlisten nachzuweisenden Lohnbeträge aufzubringen sind, würde bei einer solchen Verschmelzung nicht mehr aufrecht zu halten sein. Aus allen diesen Gründen werden sich die land- und forstwirthschaftlichen Berufsgenossenschaften voraussichtlich in erster Linie einer Maßregel abgeneigt zeigen, welche für die Landwirthschaft neue kostspielige Verwaltungsmaßregeln erfordert und die bisherigen, den Verhältnissen und Bedürfnissen der Landwirthschaft angepaßten, gut funktionierenden Einrichtungen beseitigt. Dies um so mehr, als die Land- und Forstwirthschaft dann die ungedeckte Rentenlast der aufgelösten industriellen Berufsgenossenschaften und die in der Regel größere Unfallgefahr solcher industriellen Betriebe mit übernehmen müßte.

Aber auch vom Standpunkt der fortbestehenden gewerblichen Berufsgenossenschaften aus würde die Uebertragung der Invaliditäts- und Altersversicherung bezüglich der bei ihnen versicherten Personen nicht erwünscht erscheinen. Denn wenn auch bei einer reinen Verwaltungsgemeinschaft die Bedenken, welche oben gegen eine vollständige Verschmelzung der Invaliditäts- und Altersversicherung angedeutet sind, nicht in vollem Umfange zutreffen, so bleiben sie doch vielfach auch hier bestehen. Insbesondere wird sich die Mitwirkung von Beamten, vor allen Dingen aber eine Mitwirkung der Versicherten, und zwar diese in gleichem Umfang, wie die Mitwirkung der Unternehmer, weder in der Abtheilung für Invaliditäts- und Altersversicherung, noch bei allen denjenigen Angelegenheiten vermeiden lassen, welche beiden Abtheilungen gemeinsam sind. Je inniger die Verwaltungsgemeinschaft zwischen beiden Organisationen ausgestaltet würde, um so zahlreicher würden die beide gemeinschaftlich betreffenden Fragen sein.

Dazu kommt noch folgende Erwägung. Nach den inzwischen gemachten Erfahrungen hängt die Verschiedenheit der Belastung zwischen den einzelnen Trägern der Invaliditäts- und Altersversicherung wesentlich davon ab, wie viel junge Personen zu den einzelnen Anstalten ihre Beiträge entrichten. Junge Personen haben eine geringe Invaliditätsgefahr, ältere Personen eine große. Je ungleicher die Altersgruppierung in den einzelnen Anstalten ist, je mehr sie sich von der durchschnittlichen Vertheilung der Altersklassen entfernt, desto ungleicher ist auch die Zahl der Renten, welche die betreffende Anstalt zu gewähren hat. Wird nun die Invaliditäts- und Altersversicherung besonderen Organisationen für die Industrie einerseits und die Landwirthschaft andererseits übertragen, so wird die Verschiebung der Belastung zwischen den einzelnen Trägern der Versicherung noch größer werden, als sie schon jetzt sich herausgestellt hat, da ein Wechsel der Versicherungsanstalt bei den sich örtlich kreuzenden territorialen und berufsgenossenschaftlichen Organisationen häufig schon ohne einen Wechsel des Beschäftigungsorts vorgehen und deshalb noch häufiger vorkommen wird. Die fortbestehenden industriellen Berufsgenossenschaften würden somit die werthvolleren Beiträge, welche versicherte Personen in jugendlichem Alter und bei voraussichtlich noch lange ausbleibender Invalidität zahlen, für sich erheben, während den allgemeinen Versicherungsanstalten trotz der höheren Gefahr die minderwerthigen Beiträge solcher Personen, deren Invalidität nahe bevorsteht, verblieben. Der Ausgleich zwischen den verschiedenen Trägern der Versicherung würde dann immer schwieriger werden.

Im übrigen mag zugegeben werden, daß es den Unternehmern erwünscht ist, wenn die Beiträge für beide Zweige der Versicherung, wenn auch nach verschiedenen Gesichtspunkten bemessen, so doch an denselben Träger der Versicherung und zu gleicher Zeit gezahlt werden können. Diese Annehmlichkeit berührt aber die Zusammenlegung von Unfallversicherung und Invaliditätsversicherung am wenigsten, weil die Beiträge zur Unfallversicherung nur einmal im Jahre zu zahlen sind; die gemeinsame Einziehung der Beiträge zur Invaliditäts- und zur Krankenversicherung aber ist bereits durch das jetzige Gesetz ermöglicht und wird durch den Entwurf immer mehr gefördert. Auch kann auf dem Wege der Landesgesetzgebung durch Einsetzung gemeinsamer Ortsstellen wirksam geholfen werden. Andererseits ist vom Standpunkt der Versicherten aus, welche an der Einziehung der Beiträge nicht betheiligt sind, die Uebertragung der Invaliditäts- und Altersversicherung an Berufsgenossenschaften mit weit entfernten Verwaltungsorganen nicht so zweckmäßig wie die jetzige ihnen örtlich näher stehende Einrichtung, zumal die Betheiligung an einer Verwaltung um so umständlicher und kostspieliger wird, je weiter das betreffende Organ entfernt ist.

Ein befriedigendes Ergebniß wäre also auch auf dem Wege einer bloßen Verwaltungsgemeinschaft nicht zu erwarten. Jedenfalls besteht bei allen grundsätzlichen Aenderungen in den bisherigen Organisationen die Gefahr, daß man für unsichere Verbesserungen sichere Vorzüge der bestehenden Einrichtungen aufs Spiel setzt. Auch ob dabei eine irgendwie ins Gewicht fallende Verminderung der Verwaltungskosten zu erzielen sein würde, ist mindestens zweifelhaft.

Es kann für jetzt dahingestellt bleiben, ob sich eine Vereinfachung der Arbeiterversicherung durch Vereinigung ihrer verschiedenen Träger überhaupt wird durchführen lassen. Es ist nicht ausgeschlossen, daß sich ein hierzu geeigneter Weg, bei dem die wahrscheinlichen Nachtheile gegen überwiegende Vortheile zurücktreten könnten, wird finden lassen. Jedenfalls ist zur Zeit auf den bisher in Frage gekommenen Wegen eine irgendwie erhebliche Verbesserung des bisherigen Zustandes nicht zu erwarten; im Gegentheil würden die Nachtheile einer grundsätzlichen Aenderung in der Organisation die daraus möglicherweise sich ergebenden Vortheile weitaus überwiegen. Die Frage wird aber im Auge zu behalten und ihre Lösung einer späteren Zeit vorzubehalten sein. Den Krankenkassen, Berufsgenossenschaften und Versicherungsanstalten wird zunächst zu überlassen sein, das ihnen überwiesene beschränkte Gebiet der Versicherung in seinen Einzelheiten auszugestalten. Aus einem längeren Nebeneinanderwirken der Organisationen wird sich erst ein abschließendes Urtheil darüber gewinnen lassen, inwieweit die berufsgenossenschaftliche Organisation neben der territorialen beizubehalten ist. Immerhin läßt sich auch auf dem Gebiet einer Annäherung der Unfall- an die Invaliditätsversicherung, wie oben für die Annäherung der Kranken- an die Invaliditätsversicherung, schon gegenwärtig in einzelnen Punkten eine Vereinfachung der Organisation durch Schaffung gemeinsamer Einrichtungen herbeiführen, wie sie in Art. II durch die Verwerthung der Schiedsgerichte der Invaliditätsversicherung für die land- und forstwirthschaftliche Unfallversicherung, sowie für die Unfallversicherung bei Regiebauten der Kommunalverbände vorgeschlagen wird. Hierdurch wird eine große Anzahl von Schiedsgerichten mit gleichen örtlichen Bezirken entbehrlich werden, und die hieraus sich ergebende Vereinfachung der Gesammtorganisation wird das Verständniß unserer Arbeiterversicherung und die Durchsichtigkeit der Verwaltung nicht unwesentlich fördern.

2) Markensystem.

Das im Invaliditäts- und Altersversicherungsgesetz für die Entrichtung der Beiträge vorgesehene Verfahren, bei welchem Marken im Geldwerth des geschuldeten Beitrags zu kaufen und in Quittungskarten der Versicherten einzukleben sind (Markensystem), begegnet vielfachen Angriffen; seine Ersetzung durch eine andere Art der Beitragsentrichtung bildet einen lebhaften Wunsch weiter Kreise. Dabei wird hauptsächlich über die Belästigungen geklagt, die aus dem Markensystem für die Arbeitgeber sich ergeben sollen. Nun würde man an sich gewiß gern bereit sein, das Markensystem mit einem anderen Verfahren zu vertauschen; dasselbe ist kein so nothwendiger Bestandtheil der Invaliditäts- und Altersversicherung, daß es unter allen Umständen erhalten bleiben müßte. Die Ersetzung des Markensystems durch ein anderes Verfahren zur Entrichtung der Beiträge kann aber doch nur dann in Frage kommen, wenn sich das letztere als unzweifelhaft einfacher und besser darstellt; auf einen unsicheren Versuch mit einer in ihren Ergebnissen nicht völlig klaren und besseren neuen Art der Beitragsentrichtung darf bei der fast die gesammte Bevölkerung in ihrem täglichen Leben so nahe berührenden Invaliditäts- und Altersversicherung nicht eingegangen werden. Aber auch hier liegen die Dinge ähnlich wie bei den Wünschen auf Verschmelzung der verschiedenen Zweige der Arbeiterversicherung; in keinem der bisher auf Beseitigung des Markensystems gerichteten Vorschläge kann eine wesentliche Verbesserung gegenüber dem bestehenden Rechtszustand erblickt werden. Wohl aber bietet sich die Möglichkeit dar, gewisse in der Praxis hervorgetretene Nachtheile und Belästigungen, welche nur durch die Ausgestaltung des Systems herbeigeführt sind, aber nicht dem System selbst anhaften, zu beseitigen und dadurch unter Beibehaltung des Markensystems den Bedürfnissen des täglichen Lebens entgegenzukommen. Diesen Weg schlägt der Entwurf ein.

Der durchgreifendste Vorschlag, der zur Beseitigung des Markensystems gemacht worden ist, geht dahin, unter Wegfall der Beiträge der Versicherten und der Arbeitgeber die Mittel für die Invaliditäts- und Altersversicherung durch eine allgemeine Steuer aufzubringen. Diesem Vorschlage stehen schwerwiegende grundsätzliche Bedenken entgegen.

Bei der Invaliditäts- und Altersversicherung, wie bei der Unfall- und der Krankenversicherung handelt es sich allerdings um eine nicht dem Gebiet des Privatrechts, sondern dem Bereiche des öffentlichen

Rechts angehörende Fürsorge. An der wirksamen Ausgestaltung dieser Versicherungsgebiete ist das Gemeinwesen unzweifelhaft interessiert. Daraus kann aber nicht gefolgert werden, daß es gerechtfertigt wäre, die Lasten der Versicherung ausschließlich der Gesammtheit aufzuerlegen. Auch andere Zweige der staatlichen Verwaltung haben für die Gesammtheit erhebliche Bedeutung, ohne daß aus diesem Grunde eine Deckung ihrer Kosten durch die Gesammtheit beansprucht wird; man braucht dabei nur an die Rechtspflege zu erinnern, welche für die rechtsuchenden Parteien nicht kostenfrei ist.

Man hat sodann versucht, die Aufbringung der Mittel für die Invaliditäts- und Altersversicherung im Wege allgemeiner Besteuerung mit der Behauptung zu begründen, daß diese Wohlfahrtseinrichtung eine durch das Gesetz geschaffene Sicherung der bestehenden staatlichen Zustände darstelle und aus diesen Gründen von den besitzenden Klassen, die an der Aufrechterhaltung dieses Zustandes das größte Interesse hätten, nach dem Umfange ihres Besitzes zu tragen sei. Auch dies ist nicht zutreffend. Abgesehen davon, daß aus der gleichen Erwägung auch für die Kranken- und die Unfallversicherung eine Beseitigung der Beiträge der Arbeitgeber und der Arbeitnehmer gefordert werden könnte, ist dieser Vorschlag mit den leitenden Grundsätzen der auf dem Boden der Kaiserlichen Botschaft vom 17. November 1881 aufgebauten Arbeiterversicherung nicht in Einklang zu bringen.

Der für Erlaß der Arbeiterversicherungsgesetze bestimmende Gesichtspunkt war nicht die Sicherung der besitzenden Klassen, sondern die Nothwendigkeit einer erhöhten Fürsorge für die durch den privatrechtlichen Arbeitsvertrag nicht ausreichend geschützten Lohnarbeiter. Das Verhältniß zwischen Arbeitgebern und Arbeitnehmern sollte im öffentlichen Interesse soweit geregelt werden, daß den letzteren für den Fall der durch Unfall, Alter oder Krankheit herbeigeführten Erwerbsunfähigkeit eine durch den bloßen Arbeitsvertrag nicht gebotene Fürsorge gesichert würde. Daß dadurch auch eine Stütze für die gesammte Erwerbs- und Gesellschaftsordnung geschaffen würde, konnte naturgemäß nicht verkannt werden. Die Gewährung des Reichszuschusses zu den Invaliden- und Altersrenten beruht auf dieser Erwägung. Weiter kommt in Betracht, daß die den Gegenstand der Fürsorge des Gesetzes vom 22. Juni 1889 bildende Invalidität bei den arbeitenden Klassen der Bevölkerung hauptsächlich durch die Arbeit selbst verursacht wird. Die Invaliden- und Altersrenten stellen gewissermaßen einen Ersatz für die durch die Arbeit bedingte Verminderung oder Vernichtung der Arbeitskraft dar. Folgerichtig sind deshalb auch die Mittel für diesen Ersatz in der Hauptsache aus dem Arbeitsertrage zu entnehmen. Wie bei der Krankenversicherung, so ist auch für die Invaliditäts- und Altersversicherung in konsequenter Durchführung des Grundgedankens der Arbeiterversicherung bezüglich der Kosten der Versicherung zunächst auf die beim Arbeitsertrage betheiligten Arbeitgeber und Arbeitnehmer zurückgegriffen worden. Daß bei der Unfallversicherung auf den Beitrag der Arbeiter verzichtet wurde, beruht wesentlich auf der historischen Entwickelung, welche die Unfallfürsorge bis dahin genommen hatte. Bei der Invaliditäts- und

Altersversicherung war ein Gegensatz zur Unfallversicherung für die Heranziehung der Arbeiter zu Beiträgen auch noch die weitere Erwägung maßgebend, daß die allmähliche Verminderung und das endliche Schwinden der Erwerbsfähigkeit das natürliche Loos eines jeden Arbeiters ist und daß der Arbeiter, wie jeder Andere, die moralische Verpflichtung hat, hiergegen auch persönlich nach dem Maße seiner Kräfte Vorsorge zu treffen, der Arbeitgeber aber verpflichtet ist, dem Arbeiter durch Gewährung entsprechender Mittel die Möglichkeit zu bieten, dieser Verpflichtung zu genügen. Allerdings ist die im Gesetz vorgesehene Entrichtung von Beiträgen des Arbeiters durch Wiedereinziehung der auf den Versicherten entfallenden Hälfte der Beiträge vielfach auf Schwierigkeiten gestoßen, und es ist vorzugsweise bei ländlichen Arbeitern das unberechtigte Bestreben hervorgetreten, die vollen Beiträge auf den Arbeitgeber abzuwälzen. Diese Erscheinung findet zum theil ihre Erklärung in der gegenwärtigen Fassung des § 109 Abs. 3 des Gesetzes vom 22. Juni 1889, die mehrfach zu der irrthümlichen Auffassung Anlaß gegeben hat, daß die Versicherten zu den Kosten der Versicherung garnicht beizutragen hätten. Die Fassung des § 109b des Entwurfs bringt die gesetzliche Verpflichtung des Versicherten zu antheiliger Erstattung des Versicherungsbeitrages zu klarerem Ausdruck und wird deshalb geeignet sein, in Zukunft einer unberechtigten Mehrbelastung der Arbeitgeber in erheblichem Umfange vorzubeugen. In dem vom Gesetz bestimmten Maße ist aber die werkthätige Fürsorge des Arbeitgebers zu Gunsten des Arbeiters für die Aufrechthaltung eines friedlichen, auf Vertrauen beruhenden Verhältnisses zwischen beiden unerläßlich.

Dem wiederholt betonten Interesse der Gesammtheit an der erfolgreichen Durchführung der Invaliditäts- und Altersversicherung ist in dem Reichszuschuß, und zwar ausreichend, Rechnung getragen. Für diesen Beitrag des Reichs sprach noch die Erwägung, daß von dem Gesetz vom 22. Juni 1889 die erhebliche Erleichterung einer anderen öffentlichen Last, der Armenpflege, erwartet wurde. Auch sollte durch den Reichszuschuß ein Ausgleich dafür geschaffen werden, daß die Versicherungsanstalten durch das Gesetz gezwungen wurden, alte und bereits der Erwerbsunfähigkeit nahestehende Personen ohne Erhöhung der Beiträge zu versichern. Diese Mehrbelastung konnte und sollte nicht von den ein geringeres Risiko bietenden jüngeren Versicherten getragen werden und wurde deshalb von der Gesammtheit übernommen. Zu einer Verstärkung der aus den Mitteln der Gesammtheit gewährten Beihilfe zu den Kosten der Invaliditäts- und Altersversicherung kann aber aus diesen Gesichtspunkten kein Anlaß entnommen werden.

Wenn den Einzelstaaten oder dem Reich die vollen Kosten der Invaliditäts- und Altersversicherung auferlegt würden, so würde auch für selbständige Organisationen zur Durchführung dieser Versicherung kein Raum mehr bleiben. Ebenso müßte die maßgebende Einflußnahme der Arbeitgeber und der Versicherten auf die Verwaltung, auf die der Gesetzgeber mit Recht besonderen Werth gelegt hat, in Fortfall kommen. Die Renten würden den Charakter eines durch eigene

Leistungen erworbenen Rechtsanspruchs verlieren und der Armenunterstützung sich bedenklich nähern, in dieser Form aber überall da innerlich unberechtigt sein, wo die Voraussetzung der öffentlichen Armenpflege, nämlich die Hilfsbedürftigkeit, wegen Vorhandenseins eigener Mittel oder anderer Quellen der Unterstützung, z. B. alimentationspflichtiger Kinder, fehlt. Der Rentenempfänger würde Staatspensionär werden, und damit wäre die mit der jetzigen Staatsordnung unvereinbare Verpflichtung des Staats anerkannt, eine bestimmte Klasse Staatsangehöriger allgemein für diejenige Zeit, in der sie ihren Lebensunterhalt nicht mehr in der bisherigen Weise erwerben können, zu unterhalten. Die Renten würden dann auch statt der im Gesetz vorgesehenen, den Verhältnissen der einzelnen Versicherten Rechnung tragenden Individualisierung die Gestalt von Einheitsrenten annehmen müssen, was wiederum eine wesentliche Verschlechterung der Rechtslage der Versicherten unter Schmälerung wohlerworbener Rechte herbeiführen würde. Endlich würde jeder ausreichende innere Grund fortfallen, die Versicherung auf die Lohnarbeiter zu beschränken; man würde vielmehr dazu übergehen müssen, sämmtliche Angehörigen des Deutschen Reichs, etwa bis zu einer näher zu bestimmenden Höhe des Einkommens, in die Versicherung einzubeziehen. Es mag dahingestellt bleiben, ob hierfür in dieser Allgemeinheit ein Bedürfniß vorliegt; jedenfalls würden die Kosten der Versicherung dadurch einen Umfang annehmen, der mit Recht Bedenken hervorrufen müßte und den jetzigen Klagen über die Höhe der durch die Arbeiterversicherung hervorgerufenen Belastung Berechtigung geben würde.

Abgesehen von diesen grundsätzlichen Erwägungen spricht gegen die vorgeschlagene anderweite Aufbringung der Mittel für die Invaliditäts- und Altersversicherung weiter, daß ein für die Besteuerung praktisch gangbarer Weg bisher nicht gefunden ist. Jedenfalls ist der Vorschlag, die Mittel für die Versicherung durch Zuschläge zu den auf dem Einkommen gegründeten Staatssteuern zu beschaffen, nicht durchführbar, da die Steuergesetzgebung in den einzelnen Bundesstaaten sehr verschieden ist und auch diejenigen Bundesstaaten, welche eine Steuer auf das Einkommen überhaupt erheben, bei der Durchführung dieser Steuer keineswegs gleichmäßig verfahren. Es würde also unmöglich sein, durch einen prozentualen Zuschlag die Steuerzahler der verschiedenen Bundesstaaten gleichmäßig zu treffen.

Ein anderer Vorschlag zur Beseitigung des Markensystems geht dahin, die Beiträge vom Arbeitgeber nach Lohnprozenten einzahlen zu lassen, und zu deren Ermittelung bei den berufsgenossenschaftlich vereinigten Betrieben der Industrie die dort ohnehin zu führenden Lohnlisten zu benutzen, alle sonstigen Betriebe aber hinsichtlich ihres durchschnittlichen Bedarfs an Arbeitskräften und hinsichtlich der durchschnittlichen Lohnhöhe abzuschätzen. Die Beiträge sollen auch hier von dem Arbeitgeber eingezahlt und vom Arbeiter antheilig bei der Lohnzahlung erstattet werden; dem letzteren soll aber ein allgemeiner Ausweis über die von ihm erstatteten Beträge nicht mehr gegeben, ihm vielmehr überlassen bleiben, wie er für den Eintritt des Rentenfalls die erforderlichen Nachweise sich beschaffen will. Auch diesem Vorschlage stehen erhebliche Bedenken entgegen.

Die hier vorgeschlagene Schätzung würde nicht nur sämmtliche landwirthschaftliche und die große Mehrzahl der Handwerks- und sonstigen Kleinbetriebe bis herab zu solchen Betrieben, welche Lohnarbeiter nur vorübergehend beschäftigen, sondern auch sämmtliche Hauswirthschaften mit Dienstboten umfassen, und eine äußerst weitläufige und kostspielige Einrichtung sein. Das land- und forstwirthschaftliche Unfallversicherungsgesetz vom 5. Mai 1886 hat im § 33 Absatz 2 einen ähnlichen Maßstab für die Umlegung der Genossenschaftsbeiträge vorgesehen, insofern hiernach die Umlegung der Beiträge nach dem Maße der in den Betrieben durchschnittlich erforderlichen menschlichen Arbeit erfolgen darf. Einer Abschätzung der durchschnittlichen Lohnhöhe bedarf es dabei nicht einmal. Die große Mehrzahl der bestehenden 48 land- und forstwirthschaftlichen Berufsgenossenschaften, nämlich 32, insbesondere die Berufsgenossenschaften im östlichen und nördlichen Theile von Deutschland, haben aber von der Einschätzung nach dem Arbeitsbedarf wegen ihrer Umständlichkeit abgesehen und dafür die im § 33 Absatz 1 a. a. O. wahlweise zugelassene Erhebung der Beiträge in Form von Zuschlägen zur Grundsteuer angenommen. Diese den Verhältnissen der Land- und Forstwirthschaft angepaßte Maßregel erfreut sich des Beifalls der Betheiligten. Allerdings hat sich bei den 16 Berufsgenossenschaften, welche die Abschätzung des Arbeitsbedarfs haben eintreten lassen, das Einschätzungsverfahren anscheinend ohne größere Schwierigkeiten durchführen lassen. Es mag dahingestellt bleiben, ob dies auf besondere örtliche Verhältnisse innerhalb der Bezirke dieser Berufsgenossenschaften zurückzuführen ist. Jedenfalls aber würde auch bei diesen landwirthschaftlichen Betrieben eine neue und vielleicht schwierigere Abschätzung erforderlich werden, weil die für die Invaliditäts- und Altersversicherung vorgeschlagene Schätzung auch die durchschnittliche Lohnhöhe berücksichtigen soll. Bei der überwiegenden Mehrzahl der landwirthschaftlichen Betriebe müßte es berechtigte Mißstimmung erregen, wenn jetzt ein Schätzungsverfahren, welches sie für die Unfallversicherung als zu umständlich abgelehnt haben, bei der Invaliditäts- und Altersversicherung und zwar unter Ausdehnung auf die durchschnittliche Lohnhöhe zwangsweise eingeführt werden sollte. Auch für die gewerblichen Kleinbetriebe würde die Abschätzung des Arbeits- und Lohnbedarfs überaus schwierig und ohne erhebliche Ausfälle an Beiträgen überhaupt nicht durchführbar sein. Bei den industriellen Berufsgenossenschaften hat schon das Umlageverfahren auf Grund der jährlichen Lohnnachweisungen, soweit es sich um kleinere Unternehmer handelt, zu Unzuträglichkeiten und vielfacher Mißstimmung geführt. Auch andere Wahrnehmungen beim Vollzuge der Unfallversicherung, beispielsweise die Schwierigkeiten der Beschaffung der Nachweisungen über Regiebauarbeiten (§ 22 Absatz 1 des Bau-Unfallversicherungsgesetzes vom 11. Juli 1887), verstärken die gegen die Durchführbarkeit des Abschätzungsverfahrens bestehenden Bedenken. Die häufige, wenn auch nicht gerade alljährliche Wiederholung der Abschätzung sämmtlicher Betriebe und Haushaltungen mit Arbeitern oder Dienstboten würde einen erheblichen Zeitaufwand und Unbequemlichkeiten für die Arbeitgeber und Versicherungsorgane verursachen. Wegen des starken Schwankens der Zahl der Arbeiter in vielen Betrieben müßten Nachtragsabschätzungen im Laufe des Schätzungsjahres zugelassen werden. Der Gefahr umfangreicher Beitragsausfälle durch unrichtige oder unterlassene Abschätzungen müßte durch häufige Revision der einzelnen Betriebe und Haushaltungen vorgebeugt werden. Dabei würde ein besonderes Augenmerk auf die unständigen Arbeiten zu richten sein, die ohne weitgehende Kontrole der Abschätzungen und ohne Revision der Betriebe wahrscheinlich nur in geringem Umfange bei den Abschätzungen berücksichtigt werden würden. Auch müßten jedenfalls Rechtsmittelinstanzen geschaffen werden, die zweifellos stark in Anspruch genommen werden würden.

Die Kosten und Mühen der Einschätzung und deren Revision sowie des Rechtsmittelverfahrens, endlich die Kosten der behördlichen Einziehung und Abführung der Beiträge würden hiernach insgesammt recht beträchtlich werden. Das Ergebniß dieser Einrichtung aber würde im günstigsten Fall darauf hinauskommen, daß den Trägern der Versicherung der den bestehenden Verpflichtungen im Ganzen entsprechende Eingang der Beiträge gesichert würde. Damit wäre zwischen ihnen und den Arbeitgebern die Frage der Beitragsleistung allerdings gelöst. Es müßten aber durch das neue Erhebungsverfahren auch die aus der Beitragsleistung sich ergebenden Beziehungen zwischen den Arbeitgebern und den Versicherten sowie zwischen letzteren und den Trägern der Versicherung befriedigend geregelt werden. In dieser Richtung treten aber weitere Mängel des vorgeschlagenen Verfahrens offen zu Tage.

Die Arbeitgeber würden bei Wiedereinziehung der auf die Versicherten entfallenden Beitragshälfte den einzelnen Arbeiter ebenfalls nach Lohnprozenten in Anspruch nehmen müssen. Wenn nun die Gegenleistung der Versicherungsanstalt, wie zur Vereinfachung des jetzigen Verfahrens weiter vorgeschlagen ist, darin bestehen soll, daß für sämmtliche Versicherte eine feste Grundrente mit nur fakultativer Steigerung gewährt wird, so würde der Abzug nach Lohnprozenten eine Härte für den höher gelohnten Arbeiter bedeuten; er würde infolge der nach seinem höheren Verdienst berechneten Beiträge mehr leisten wie der niedrig gelohnte Arbeiter, ohne in der Rente einen Ausgleich hierfür zu erhalten. Die Berechnung der zu erstattenden Beitragshälfte wäre namentlich beim Hinzutreten von Naturalbezügen oder Tantièmen sowie für diejenigen Betriebe, welche beim Mangel der Krankenversicherung mit solchen Berechnungen noch nicht vertraut sind, nicht immer einfach und könnte zu einer Quelle von Streitigkeiten zwischen den Arbeitgebern und den Versicherten werden. Andererseits könnte sie dazu führen, die Versicherung für die Arbeitgeber zu vertheuern. Denn da der Arbeiter sich nicht wie jetzt durch das Vorhandensein der Beitragsmarken in seiner Quittungskarte davon würde überzeugen können, ob der ihm gemachte Abzug wirklich zu Zwecken der Versicherung erfolgt, also ihm zu gute kommt, so würden es die Arbeitgeber häufig vorziehen, durch

Uebernahme des vollen Beitrags dem Verdacht zu entgehen, daß sie sich auf Kosten der Arbeiter bereichern wollten. Alles dies würde im wesentlichen auch dann eintreten, wenn die Beiträge nicht nach dem Individuallohn, sondern, ähnlich wie jetzt, nach Lohnklassen erhoben werden.

Der Versicherungsanstalt gegenüber würde es dem Arbeiter bei dem in Rede stehenden Verfahren an einem sicheren Nachweis seiner Ansprüche in der Regel fehlen. Es bleibt ihm überlassen, wie er den Nachweis einer bestimmten Beschäftigung gegen einen bestimmten Lohn führen will. Bestimmte Urkunden hierüber werden ihm nicht ertheilt, sofern er sie nicht ausdrücklich von seinem Arbeitgeber verlangt und diesem dadurch lästig fällt. Und doch braucht der Versicherte solche Nachweise dann, wenn er im Falle der Invalidität eine Rente beanspruchen will und als Voraussetzung die Thatsache der Versicherung, die Entrichtung von Beiträgen oder eine die Versicherung begründende Beschäftigung darthun muß. Der Versicherte muß also solche Nachweise zu bekommen suchen und aufbewahren. Da er den Zeitpunkt des Eintritts der Invalidität nicht im voraus berechnen kann, wird er entweder fortlaufend während der ganzen Aktivitätsdauer die erforderlichen Nachweise beschaffen, oder den Weiterungen sich aussetzen müssen, die erfahrungsgemäß dann nicht ausbleiben, wenn er erst beim Gebrauchsfall die erforderlichen Nachweise sich nachträglich beschaffen soll. Darin liegt ein wesentlicher Mangel gegenüber dem Markensystem. Denn die Marke hat nicht nur für den Arbeitgeber die Bedeutung einer Quittung über entrichtete Beiträge gegenüber dem Träger der Versicherung und bei Erstattung der Beitragshälfte gegenüber dem Arbeitnehmer; die Beitragsmarke ist vielmehr zugleich für den Arbeitnehmer ein Nachweis über die zurückgelegte Arbeitszeit und den während derselben verdienten Lohn. Solange die Arbeitszeit und die Lohnsätze nachgewiesen werden müssen, wird jedes andere Beweismittel als umständlicher und weniger wirksam sich erweisen wie die Beitragsmarke.

Um nun aber einen solchen Nachweis thunlichst entbehrlich zu machen und dadurch die Nothwendigkeit einer Beibehaltung des Markensystems zu beseitigen, soll bei dem in Rede stehenden Vorschlag eine grundsätzliche Aenderung in der Bemessung der Renten eintreten. Die Renten sollen nämlich nicht mehr wie bisher nach den Einzelbeiträgen berechnet und gesteigert werden, sondern es sollen in allen Fällen feste Grundrenten, sei es in Form der Einheitsrente, oder sei es mit wenigen Abstufungen nach Lohnklassen gewährt werden, für welche nur der Nachweis erforderlich sein soll, daß der Versicherte einige Zeit vor dem Eintritt der Invalidität eine versicherungspflichtige Beschäftigung ausgeübt hat. Durch einen in sein freies Belieben gestellten Nachweis über eine längere Beschäftigung und folgeweise Beitragszahlung soll der Versicherte einen weiteren Anspruch auf eine entsprechende, mehrfach abgestufte Steigerung der Rente erwerben.

Die Einheitsrente ist beim Erlaß des Gesetzes vom 22. Juni 1889 nach eingehenden Verhandlungen abgelehnt worden. Die Rückkehr zur Einheitsrente würde jetzt mit Recht als ein sozialpolitischer Rückschritt empfunden werden und kaum auf Annahme rechnen können. Das Bestreben wird im Gegentheil auf thunlichste Anpassung an die individuellen Verhältnisse der verschiedenen Arbeiter gerichtet sein müssen, und dazu muß eine Abstufung der Rente nach der Lohnhöhe einerseits und nach der Dauer der Beitragsleistung, welche letztere vorwiegend dem fleißigen Berufsarbeiter zu gute kommt, andererseits festgehalten werden. Nun würde ja allerdings eine Verschiedenheit der Renten nach ihrer Höhe, wenn auch in erheblich geringerem Maße als gegenwärtig, auch bei dem neuen Vorschlage möglich sein. Dann aber muß auf einen weitgehenden Gebrauch von der fakultativen Steigerung der Grundrente hingewirkt werden; hierzu bedarf es nothwendig fortlaufender Nachweise über die Dauer der Arbeitszeit und die Lohnhöhe, Nachweise, die für die verhältnißmäßig kurze Zeit zur Erlangung des Anspruchs auf die Grundrente sogar obligatorisch beigebracht werden müssen. Aber auch die Fakultät würde praktisch auf einen indirekten Zwang hinauskommen. Denn bei dem verhältnißmäßig geringen Betrag einer Grundrente ist die Sicherung höherer Rentenansprüche für jeden Versicherten von der größten Bedeutung; der Versicherte ist darauf angewiesen, sich den Erwerb steigender Renten durch Führung des entsprechenden Arbeitsnachweises zu sichern. Bei denjenigen, welche sich wegen Abneigung gegen die Sammlung der umständlichen Nachweise über Arbeitszeit und die Höhe des Arbeitsverdienstes dem indirekten Zwange wirklich nicht fügen wollen, würde die Abneigung gegen die ganze Versicherungseinrichtung nur noch wachsen. Denn die auch nur mit Schwierigkeiten zu erlangende Grundrente, auf die sie dann angewiesen wären, ist zu geringfügig und stände jedenfalls nicht im Verhältniß zu den Beiträgen, die die Rentenempfänger während der ganzen Arbeitszeit entrichtet hätten. Dies führt zu der Nothwendigkeit, die Rentensteigerung nicht fakultativ, sondern obligatorisch vorzusehen. Bei dem allgemeinen sozialpolitischen Interesse, das berechtigte Bedürfniß des Arbeiters nach einem erreichbaren Maß von Fürsorge für den Fall der Invalidität und des Alters auch in der That befriedigt zu sehen, dürfte hier ein Zwang gegenüber dem Versicherten unabweisbar sein.

Besteht hiernach die Nothwendigkeit, zur Sicherung des Anspruchs auf angemessene Rente für die rechtzeitige Beschaffung von Arbeitsnachweisen Sorge zu tragen, so muß auch ferner darauf hingewirkt werden, daß dies auf eine möglichst leichte und einfache Art geschehen kann. Statt der Marken könnten freilich an sich auch andere Beweismittel zugelassen werden, insbesondere könnte der Nachweis durch Zeugen oder durch Bescheinigungen der Arbeitgeber und der Krankenkassen sowie durch behördliche Atteste erbracht werden. Hieraus würden aber schwere Mißstände zu besorgen sein; es würde die Gefahr entstehen, daß sich ein den Gesetzen und der Sittlichkeit widersprechender Handel mit Arbeitsbescheinigungen entwickelte, und daß zur Ausstellung sowie zum Gebrauch falscher oder gefälschter Arbeitsbescheinigungen geradezu angeregt würde. Die Richtigkeit des Inhalts einer Arbeitsbescheinigung ist um so schwerer nachzuweisen, je länger die Ausstellung zurückliegt;

es würde deshalb eine behördliche Beglaubigung der Unterschrift des Arbeitgebers nicht genügen dürfen, sondern eine behördliche Bestätigung des Inhalts der Arbeiterbescheinigung beansprucht werden müssen. Die den Behörden aus dieser Thätigkeit erwachsende Mühewaltung wäre eine beträchtliche und die Möglichkeit von Täuschungen dabei doch nicht ausgeschlossen. Dazu käme eine erhebliche Belästigung der Arbeitgeber, die auf Verlangen des Versicherten der Ausstellung von Arbeitsbescheinigungen sich nicht würden entziehen können; die in den gewerblichen Berufsgenossenschaften nach § 71 des Unfallversicherungsgesetzes vom 6. Juli 1884 schon jetzt aufzustellenden Lohnnachweisungen können solche Arbeisbescheinigungen nicht ersetzen, da in denselben die einzelnen versicherungspflichtigen Personen namentlich nicht nachgewiesen werden, jenes Material also zur Ausstellung von Arbeits- und Lohnbescheinigungen für den einzelnen Versicherten nicht ausreicht. Die Unzuträglichkeiten müssen sich vermehren, wenn es sich nicht um lange dauernde Beschäftigungsverhältnisse bei demselben Arbeitgeber, sondern um unständige oder um solche Berufsarbeiter handelt, deren Beschäftigungsverhältniß häufig wechselt. Aber auch die Aufbewahrung der Bescheinigungen würde Schwierigkeiten hervorrufen. Dem Arbeiter selbst würde sie kaum zugemuthet werden können; sollten aber die Bescheinigungen etwa bei den zur Durchführung der Invaliditäts- und Altersversicherung berufenen Organen oder bei Behörden aufbewahrt werden, so würde sich gegenüber der Aufbewahrung von Quittungskarten sicherlich nichts bessern. Es würden sich bei der Verwendung dieser Bescheinigungen alle die zahlreichen Unzuträglichkeiten und zwar dauernd wiederholen, welche während der jetzt im wesentlichen überwundenen Uebergangszeit des Gesetzes vom 22. Juni 1889 aus der Beschaffung von Beschäftigungsnachweisen für einige vorgesetzliche Jahre erwachsen waren, und die zu lebhaften Klagen, insbesondere über die Unzuverlässigkeit dieser Nachweise und die dadurch ermöglichte Erschleichung von Renten, geführt haben.

Die hervorgehobenen Bedenken greifen im wesentlichen auch dem ferneren Vorschlage gegenüber durch, zwar die Grundrente festzuhalten, aber ihre Steigerung nicht nach Maßgabe der Beschäftigungsdauer, sondern auf Grund einer freiwilligen Zusatzversicherung durch die Versicherten, etwa mit antheiliger Beitragserstattung durch den Arbeitgeber, eintreten zu lassen. Es würde zu besorgen sein, daß von dieser Berechtigung seitens der dabei zur Beitragsleistung verpflichteten Arbeiter wenig Gebrauch gemacht werden würde. Seitens mancher Arbeitgeber würde dieser freiwilligen Zusatzversicherung, wenn sie dabei zur antheiligen Uebernahme der Prämien genöthigt werden sollten, geradezu entgegengewirkt werden. Auch wenn man das Interesse der Versicherten an dieser Zusatzversicherung, einem weiteren Vorschlage entsprechend, etwa dadurch fördern wollte, daß der Gesammtbetrag der entrichteten Zusatzbeiträge an die Hinterbliebenen des Versicherten herausgezahlt würde, falls der Versicherte, ohne in den Genuß der Rente zu treten, verstürbe, so würde dadurch eine allgemeine Verbreitung der fakultativen Zusatzversicherung doch nicht sicher erreicht werden.

Aus allen diesen Gründen wird auf den vorgeschlagenen oder ähnlichen Wegen eine Verbesserung des bestehenden Zustandes nicht erreicht werden. Es wird deshalb bis auf weiteres die Rentenbemessung nach Arbeitsdauer und Lohnhöhe und in Verbindung damit auch das Markensystem beizubehalten sein. Dies kann um so unbedenklicher geschehen, als die gegen dieses System im einzelnen erhobenen Bedenken der ausreichenden Begründung in der Hauptsache entbehren, im übrigen aber durch Aenderungen einzelner Bestimmungen des Gesetzes im wesentlichen beseitigt werden können.

Man hat gegen das Markensystem zunächst eingewendet, bei demselben sei das Recht des Arbeiters aus der Versicherung in die Willkür des Arbeitgebers gelegt, insofern ersterer seinen Rentenanspruch verliere, wenn letzterer keine Beiträge entrichte. Diese Behauptung steht mit der Rechtsprechung des Reichs-Versicherungsamts in Widerspruch, nach welcher die für die Dauer eines Pflichtverhältnisses geschuldeten Beitragsmarken, wenn deren Beibringung zu Unrecht unterblieben ist, jederzeit auch von dem Versicherten nachgebracht werden können. Erfolgt die Nachbringung durch den letzteren, so wird ihm gegen den säumigen Arbeitgeber ein Rechtsanspruch auf Erstattung des diesem zur Last fallenden halben Werths der Marken nicht versagt werden können. Der Entwurf hat im § 111 die Wiedereinziehung der auf den Arbeitgeber entfallenden Beitragshälfte näher geregelt und gleichzeitig im § 111b ausdrücklich bestimmt, daß und wie lange die Nachbringung geschuldeter Pflichtbeiträge zulässig sein soll. Weiterhin hat zu Beschwerden Anlaß gegeben die Bestimmung, daß die Marken bei jeder Lohnzahlung eingeklebt werden müssen. Diese Vorschrift enthält allerdings eine Belästigung für den Arbeitgeber, sie hängt aber mit dem Markensystem als solchem nicht zusammen, ist bei dem Einzugsverfahren schon jetzt nicht mehr im vollen Umfange in Uebung und kann ohne Bedenken, wie im § 109a des Entwurfs geschehen, auch weiter modifiziert werden. Auch die Klage darüber, daß zahlreiche Marken zu Unrecht erst kurz vor dem Eintritt des Rentenfalls eingeklebt werden, ist nicht auf das Markensystem als solches, sondern auf die Verpflichtung zur Beitragsentrichtung und darauf zurückzuführen, daß die rechtzeitige Erfüllung dieser Verpflichtung nicht genügend kontroliert wird. Schon nach dem geltenden Gesetz kann durch Einführung des behördlichen Einzugsverfahrens gemäß § 112 diesen Klagen die Spitze abgebrochen werden. In denjenigen Theilen des Deutschen Reichs, in denen von dem Einzugsverfahren ein umfassender Gebrauch gemacht ist, sind denn auch Beschwerden über das Markensystem, wenn überhaupt, so doch nur in erheblich geringerem Maße, erhoben worden. Bei behördlicher Einziehung der Beiträge, deren Förderung der Entwurf sich angelegen sein läßt, wird aber auch die fernere Klage beseitigt werden, daß Arbeitgeber und Arbeitnehmer in großem Umfange die Beibringung der Marken überhaupt unterlassen. Diese Versäumniß würde, sofern die Entrichtung der Beiträge den Betheiligten überlassen und keine genügende Kontrole geübt wird, bei jedem Verfahren zu beklagen sein, also auch dann, wenn die Beiträge nicht durch Einkleben von Marken, sondern auf andere Weise entrichtet werden müßten. Aehnlich steht es mit der ferneren Klage, daß der Einkauf und das Einkleben der Marken dem Arbeitgeber obliegt und dieser nur berechtigt ist, den Arbeitern die Hälfte des Werths bei der Lohnzahlung einzubehalten (vergl. auch die neue Fassung im § 109b des Entwurfs). Denn die aus der Abrechnung mit den Versicherten für die Arbeitgeber möglicherweise entstehenden Weiterungen werden auch bei jedem anderen System hervortreten, sofern man nicht etwa dazu übergehen will, die Beitragshälfte des Arbeiters von diesem direkt einzuziehen, oder auf Beiträge der Arbeiter ganz zu verzichten. Ersteres würde als allgemeine Vorschrift unausführbar sein; eine entsprechende fakultative Bestimmung für solche Verhältnisse, in denen sie sich als durchführbar erweisen sollte, ist indessen im § 113 in Anlehnung an das schon jetzt geltende Recht (§ 113 Ziffer 2 des Gesetzes) durch die neue Ziffer 2 des Entwurfs vorgesehen. Eine gänzliche Befreiung der Versicherten von Beiträgen wäre grundsätzlich bedenklich und würde zudem die Lasten der Arbeitgeber über Gebühr vermehren.

Fernere Klagen beziehen sich auf die Belästigungen, die dem Arbeitgeber durch die Beschaffung der Quittungskarten und das Einkleben der Marken erwachsen, auf die Belästigungen der Behörden durch den häufigen Umtausch der Karten, auf die kostspielige Aufbewahrung der Quittungskarten, auf den Handel mit Marken und die Kostspieligkeit des Verfahrens. Auch in diesen Punkten ist eine Besserung ohne Aufgeben des Systems wohl möglich. Daß die Arbeitgeber belästigt werden, wenn sie darauf achten müssen, daß der Versicherte mit einer Quittungskarte versehen ist, kann nicht bestritten werden. Diese Belästigung wird aber durch die Vorschrift im § 100 des Entwurfs, wonach der Versicherte bei Strafe verpflichtet wird, für die Beschaffung und Vorlegung seiner Quittungskarte Sorge zu tragen, wesentlich vermindert. Durch die im § 99 des Entwurfs ferner vorgesehene Einführung von Beitragsmarken für größere Zeiträume wird dem Arbeitgeber die Beitragsentrichtung, ebenso aber auch den Behörden die Mühewaltung bei der Ausstellung und dem Umtausch der Quittungskarten erheblich erleichtert, da letztere infolge der Aufnahme einer geringeren Zahl von Beitragsmarken länger gebrauchsfähig bleiben. Die Aufbewahrung der Quittungskarten wird durch die im § 107 des Entwurfs zugelassene Anlegung von Sammelkarten erleichtert werden. Der mehrfach beklagte unbefugte Handel mit gebrauchten Beitragsmarken hat bereits nachgelassen; seitdem das zu den Karten verwendete Material und der Klebestoff der Marken verbessert sind, ist die früher wiederholt beobachtete Loslösung bereits eingeklebter Marken wesentlich erschwert. Eine weitere Besserung steht infolge der Bestimmung im § 154 des Entwurfs in Aussicht, wonach das Verwenden, Veräußern oder Feilhalten bereits verwendeter Marken allgemein unter Strafe gestellt wird. Klagen über die Kostspieligkeit des gesammten Verfahrens zur Durchführung der Invaliditäts- und Altersversicherung können jedenfalls dem Markensystem nicht zur Last gelegt werden. Die Verwaltungskosten würden bei dem Verfahren, welches eine Abschätzung des Arbeits- und Lohnbedarfs sowie eine obligatorische Einziehung und Abführung der Versicherungsbeiträge durch Lokalbehörden zur Voraussetzung hat, wahrscheinlich erheblich höher werden, wie jetzt. Endlich hat in §§ 112a und 112b des Entwurfs eine Einschränkung des Markensystems dahin vorgesehen werden können, daß beim Einzugsverfahren und bei Reichs-, Staats- und Kommunalbetrieben die Einklebung von Beitragsmarken in die Quittungskarten der Versicherten durch behördliche Eintragungen ersetzt werden kann. Nach Durchführung aller dieser Verbesserungen werden die Klagen über das Markensystem voraussichtlich nachlassen.

3) Vertheilung der Rentenlast.

Die finanzielle Lage der einzelnen Versicherungsanstalten hat sich in den seit Inkrafttreten des Gesetzes vom 22. Juni 1889 verflossenen Jahren außerordentlich verschieden gestaltet. Freilich befinden sich sämmtliche Anstalten zur Zeit noch in so fern in günstiger Vermögenslage, als ihre Einnahmen die thatsächlichen Ausgaben an Renten u. s. w. erheblich übersteigen; dies ist aber lediglich eine Folge des bestehenden Kapitaldeckungsverfahrens und fällt nicht ins Gewicht, wenn es sich darum handelt, festzustellen, ob und inwieweit jede einzelne Versicherungsanstalt in der Lage ist, ihren gesetzlichen Verpflichtungen ohne Erhöhung der Einnahmen nachzukommen. Die wirkliche Vermögenslage der Versicherungsanstalten kann nur dadurch ermittelt werden, daß aus einer Gegenüberstellung ihrer Aktiva und Passiva berechnet wird, ob genügendes Vermögen vorhanden ist, um neben den sonstigen Verpflichtungen auch den Kapitalwerth der den einzelnen Anstalten bisher zur Last gelegten Rentenantheile zu decken.

Die Aufstellung solcher Bilanzen für die einzelnen Versicherungsanstalten ist auf Grund der inzwischen bei Durchführung des Gesetzes gemachten Erfahrungen möglich. Insbesondere läßt sich aus diesen Erfahrungen für die Berechnung des Deckungskapitals der bewilligten Renten eine neue Sterbetafel sowohl für Alters- als auch für Invalidenrentenempfänger aufstellen und auch behufs Ermittelung der Zahl der jährlich in den Rentengenuß eintretenden Versicherten eine neue Aktivitätsordnung sowie eine neue Invaliditätstafel ableiten. Die angeschlossene Denkschrift giebt hierüber näheren Aufschluß.

Die auf Grund dieser Unterlagen aufgestellten Bilanzen lassen nun erkennen, daß zwar die Mehrzahl der Versicherungsanstalten finanziell günstig gestellt ist, ein Theil derselben aber hinter dem Durchschnitt erheblich zurückbleibt, einzelne Versicherungsanstalten sogar schon jetzt einen Fehlbetrag aufweisen, der noch fortgesetzt steigen wird. Letzteres wird insbesondere bei der Versicherungsanstalt Ostpreußen eintreten, während die Versicherungsanstalt Berlin schon jetzt ein so erhebliches Vermögen angesammelt hat, daß sie nach Annahme des Vorstandes demnächst ihre gesammte Rentenlast schon aus den Zinsen des angesammelten Vermögens bestreiten könnte, ohne auf Beiträge angewiesen zu sein. Dieses finanzielle Ergebniß steht natürlich mit den Absichten des Gesetzes nicht in Einklang und bedarf nothwendig der Abänderung.

Die Gründe für die Verschiedenheit der finanziellen Lage mögen zum theil auf dem Verhalten der einzelnen Anstalten bei Erhebung der Einnahmen und Leistung der Ausgaben beruhen. Anstalten, welche sorgfältiger wie andere den thatsächlichen Eingang aller nach dem Gesetz geschuldeten Beiträge überwachen, haben, auch wenn sie relativ erhebliche Beträge für die Kontrole oder für die behördliche Einziehung der Beiträge (§ 112) ausgeben, relativ größere Einnahmen wie andere weniger sorgsam verfahrene Anstalten; andererseits haben Anstalten, welche in der Bewilligung von Renten mit besonderer Peinlichkeit verfahren, voraussichtlich geringere Ausgaben wie ihre Genossen. Es liegt aber in der Natur der Sache, daß die hierdurch bedingten Unterschiede nicht besonders groß sein können und sich zudem allmählich verwischen werden, weil mit der längeren Dauer der Geltung des Gesetzes in der Verwaltung der einzelnen Anstalten eine größere Gleichmäßigkeit eintreten und schon das eigene Interesse allgemein zu einer sorgfältigen Ueberwachung der Einnahmen Veranlassung geben wird.

Eine erheblich größere Bedeutung haben in den einzelnen Versicherungsanstalten diejenigen für die Belastung bedeutsamen Thatsachen, auf deren Ausgestaltung die Vorstände der Anstalten keinen Einfluß haben, die vielmehr ihre Erklärung in der Verschiedenheit der örtlichen Verhältnisse finden. Hierbei kommt zunächst in Betracht, wie die einzelnen Lohnklassen in den Bezirken der Versicherungsanstalten vertheilt bezw. vertreten sind. Denn hiernach richtet sich die Gesammthöhe der Beiträge in den einzelnen Anstalten. Für eine Versicherungsanstalt, in welcher die höheren Lohnklassen überwiegen und welche deshalb schneller große Beträge ansammelt wie andere Anstalten, bildet der für alle Invalidenrenten gleich hohe Grundbetrag von 60 ℳ in der ersten Zeit eine verhältnißmäßig geringere Belastung wie für Anstalten mit überwiegend niederen Lohnklassen und demgemäß geringeren Einnahmen. Dazu kommt, daß die Beiträge der niederen Lohnklassen geringere Sicherheitszuschläge erhalten haben, wie die Beiträge der höheren Lohnklassen. Wichtiger aber ist die größere oder geringere Zahl der in den einzelnen Anstalten vorhandenen Personen, denen wegen ihres Lebensalters oder ihrer Körperbeschaffenheit bald eine Rente wird gewährt werden müssen. Die Verschiedenheit der Altersgruppierung der Versicherten in den einzelnen Anstalten ist nicht nur für die Zahl der Altersrenten, sondern auch für die Zahl der Invalidenrenten von ausschlaggebender Bedeutung, denn die Invaliditätsgefahr ist erfahrungsmäßig in den jüngeren Altersjahren sehr gering und nimmt erst mit steigendem Lebensalter zu. Während nämlich nach den bisherigen Erfahrungen unter je 1000 Versicherten in den Altersjahren 20 bis 40 durchschnittlich jährlich nur 1 Invaliditätsfall eintritt, beträgt unter je 1000 Versicherten die Zahl der durchschnittlich jährlich invalid werdenden Personen im Alter von 41 bis 50 Jahren 4, im Alter von 51 bis 60 Jahren 14, im Alter von

61 bis 70 Jahren 46. Hiernach beträgt die Belastung durch 1000 Versicherte im Alter von 20 bis 40 Jahren, wenn sonstige Belastungsfaktoren (Höhe der Rente, Kapitalwerth) als gleich angenommen werden, nur $^1/_{46}$ der durch 1000 Versicherte im Alter von 60 bis 70 Jahren herbeigeführten Belastung, während die Leistungen dieser Personen in beiden Fällen dieselben sind. Die jüngeren Versicherten decken deshalb durch ihre Beiträge einen sehr erheblichen Theil der Belastung, welcher durch die nicht erhöhten Beiträge der älteren Versicherten ungedeckt bleiben würde. Es ist dies eine nothwendige Konsequenz des aus überwiegenden sozialpolitischen Gründen durchgeführten Grundsatzes, daß die Beiträge der einzelnen Versicherten unabhängig sind von ihrem Lebensalter und ihrem Gesundheitszustande und der dadurch bedingten größeren oder geringeren Belastung, die durch sie den betreffenden Trägern der Versicherung erwächst. Den von jüngeren Personen geleisteten Beiträgen stehen Gegenleistungen der Versicherungsanstalten an dieselben Personen nur in geringem, der Höhe ihrer Beiträge nicht entsprechendem Maße gegenüber. Wenn deshalb Versicherungsanstalten von vornherein eine ungünstigere Altersgruppierung aufzuweisen haben, als sie nach den vorhandenen Unterlagen bei Festsetzung der Beiträge für die Gesammtheit aller Versicherten zu Grunde gelegt wurde, so muß die finanzielle Lage dieser Anstalten hinter dem Gesammtdurchschnitt zurückbleiben, weil diese Anstalten durch dieselben Beiträge eine größere Anzahl von Renten decken müssen, als für den Durchschnitt vorausgesetzt wurde. Geringfügige Verschiedenheiten sind hierbei unvermeidlich und würden um so eher mit in den Kauf genommen werden können, als sie auf die Gesammtlage keinen erheblichen Einfluß haben. Daß aber die Verschiedenheiten bei den einzelnen Versicherungsanstalten, deren Bezirke erst nach dem theilweisen Inkrafttreten des Gesetzes (§ 162 Absatz 1 des Gesetzes) abgegrenzt werden konnten, so erheblich sein würden, wie sie sich bei Durchführung des Gesetzes herausgestellt haben, war nicht vorauszusehen. Nähere Ermittelungen hierüber konnten seinerzeit mangels der erforderlichen Unterlagen nicht angestellt werden. Von welchem Umfange aber die Abweichungen in der That geworden sind, zeigen beispielsweise die Versicherungsanstalten Ostpreußen und Berlin, für welche eine Auszählung der Quittungskarten Nr. 1 nach dem Alter der Inhaber bewirkt werden konnte. Es ergiebt sich nämlich, daß bei Annahme derselben Invaliditätsgefahr, wie sie für die Gesammtheit der Versicherten ermittelt worden ist, auf den Kopf der Versicherten bei der Versicherungsanstalt Ostpreußen jährlich 88 % Invaliditätsfälle mehr eintreten als bei der Versicherungsanstalt Berlin, ganz abgesehen von der weiteren Erhöhung der Rentenzahl bei Hinzurechnung der Altersrenten.

Nun kommt aber noch hinzu, daß zahlreiche Versicherungsanstalten durch beständigen Abzug von Versicherten fortgesetzt jüngere Mitglieder verlieren, während andere Versicherungsanstalten, denen ein Wanderungsüberschuß von jüngeren Personen zugeführt wird, ihre Altersgruppierung weiter verbessern. Die letzteren gewinnen hierdurch einen immer größeren Vorsprung vor den ersteren. Es ist kaum anzunehmen, daß sich beim Eintritt des Beharrungszustandes ein Ausgleich zwischen den einzelnen Versicherungsanstalten herausstellen wird, da der Zuzug und Abzug gleichwerthiger beziehungsweise gleichaltriger Arbeitskräfte sich kaum jemals ausgleichen wird. Daß dies schließlich zu den bedenklichsten Folgen führen müßte, ergiebt sich schon daraus, daß nach den bisherigen Erfahrungen im Beharrungszustande beispielsweise für die Versicherungsanstalt Ostpreußen bei einer Durchschnittsrente (ohne Reichszuschuß) von 155,64 ℳ ein wöchentlicher Durchschnittsbeitrag von 48,41 ₰ erforderlich wäre, während bei der Versicherungsanstalt Berlin für 270,94 ℳ Durchschnittsrente durchschnittlich wöchentlich 17,08 ₰ ausreichend wären. Selbst wenn somit berücksichtigt wird, daß die Rentensteigerung in den niedrigen Lohnklassen, welche in den nothleidenden Versicherungsanstalten überwiegen, geringer ist als in den durchweg höheren Lohnklassen der begünstigten Anstalten, so ist doch nicht zu erwarten, daß die Vermögenslage der benachtheiligten Anstalten im Vergleich zu derjenigen der übrigen Anstalten sich wesentlich bessern wird. Es würde sich deshalb für die finanziell ungünstig gestellten Anstalten in absehbarer Zeit die Nothwendigkeit ergeben, ihre Beiträge zu erhöhen, während die reichen Anstalten Anlaß nehmen würden, die Beiträge zu ermäßigen, sofern ihnen nicht eine Erweiterung ihrer Leistungen ermöglicht wird. Diesem Ergebniß ständen aber schwerwiegende sozialpolitische Bedenken entgegen. Wesentliche Ungleichheiten in der Bemessung der Beiträge oder der Leistungen bei den einzelnen, lediglich nach örtlichen Bezirken abgegrenzten Anstalten würde mit der Bedeutung der Invaliditäts- und Altersversicherung als einer allgemeinen, für alle Bewohner des Reichs ohne Unterschied ihres örtlichen Wohnsitzes gleichmäßig wirkenden Reichseinrichtung nicht vereinbar sein; auch würde hierdurch ein neuer Anlaß für den Zufluß der Versicherten zu den großen Städten, für welche geringere Beiträge oder höhere Leistungen in Betracht kämen, geschaffen und damit eine noch stärkere Verschiebung der Arbeitsbedingungen herbeigeführt werden. Wenn nach § 98 des Gesetzes die einzelne Anstalt berechtigt ist, mit Genehmigung der Aufsichtsbehörde besondere, von den durch § 96 a. a. O. für alle Anstalten gleichmäßig festgesetzten abweichende Beitragssätze zu beschließen, also auch die bisherigen Beiträge für ihren Bezirk zu ermäßigen, so entspricht es doch der Absicht dieser Bestimmung nicht, daß auf diesem Wege so erhebliche Verschiedenheiten in der Belastung der einzelnen Theile des Reichs herbeigeführt werden, wie dies nach den jetzt bestehenden Verhältnissen der Fall sein würde. Es ist mit dem Grundgedanken der Invaliditäts- und Altersversicherung unvereinbar, einzelnen Anstalten die Ermäßigung ihrer Beiträge nur zu dem Zweck zu gestatten, um Ueberschüsse auszugleichen, welche ihnen infolge objektiver, von ihrem Verhalten völlig unabhängigen Verhältnissen, deren volle praktische Tragweite bei Errichtung der Anstalten garnicht übersehen werden konnte, zugeflossen sind, andere Anstalten aber gerade infolge solcher objektiven Verhältnisse zu einer erheblichen Steigerung der Beiträge zu nöthigen, um Fehlbeträge zu beseitigen.

Trotz der Selbständigkeit in der Verwaltung und Finanzgebahrung ist doch eine Solidarität der Interessen aller Versicherungsanstalten unbestreitbar. Die Trennung der Versicherungsträger ist zunächst nur zwecks Dezentralisation der Verwaltung erfolgt und dabei durch § 66 des Gesetzes eine spätere Aenderung der Bezirke der einzelnen Anstalten, auch zur Vorbeugung finanzieller Schwierigkeiten, wie sie sich infolge der erst jetzt zu übersehenden verschiedenen Altersgruppierung bei den einzelnen Versicherungsanstalten in der That schon herausgestellt haben, ausdrücklich vorbehalten worden. Es entspricht nur dieser Solidarität der Interessen, wenn für einzelne Verbände, die ihre Verpflichtungen nicht voll tragen können, für die Zukunft, und ohne den Genuß des bisher bereits erzielten Gewinnes zu schmälern, zunächst die anderen gleichartigen Verbände herangezogen werden und der für den solidarischen Zweck an einer Stelle entstehende Ueberfluß den hierbei nothleidenden anderen Stellen zugeführt wird, ohne daß auf die erst in letzter Linie haftenden Garantieverbände (§ 44 des Gesetzes) zurückgegriffen wird.

Es muß daher die Aufgabe des Gesetzgebers bleiben, zwischen den verschiedenen Trägern der Versicherung ein Gegenseitigkeitsverhältniß zu schaffen, durch welches eine wirksame Ausgleichung für die Zukunft angebahnt und dem weiteren Anwachsen der Ueberschüsse der günstiger gestellten Anstalten ebenso vorgebeugt wird, wie der Vermehrung der Fehlbeträge der wegen ihrer örtlichen Lage und ähnlicher Verhältnisse ungünstiger gestellten Anstalten.

Das jetzt geltende Gesetz steht denn auch im Grundsatz auf diesem Standpunkt; die §§ 89 und 160 enthalten Vorschriften über eine Vertheilung der Rentenlast auf die betheiligten Träger der Versicherung. Dabei war insbesondere die Absicht bestimmend, eine Entlastung derjenigen Versicherungsanstalten herbeizuführen, in welchen vorwiegend Landwirthschaft betrieben wird, weil in dieser wegen der Art der Arbeit zahlreiche ältere, der Invalidität oder dem 70. Lebensjahre nahestehende Personen beschäftigt werden. Die hier vorgesehene Vertheilung nach Verhältniß der von dem Rentenempfänger geleisteten Beiträge — wobei nach den Beschlüssen des Reichstags nur die Zahl und Höhe dieser Beiträge, nicht aber der nach dem Entwurf in Ansatz zu stellende Versicherungswerth in Betracht kommt — oder nach der Dauer einer vorgesetzlichen Beschäftigung hat sich aber als wenig wirksam erwiesen, und auch aus anderen Gründen ist dieser Vertheilungsmaßstab, wie weiter unten auszuführen sein wird, kein geeigneter.

Um eine wirksame Abhilfe herbeizuführen, könnte zunächst in Erwägung gezogen werden, den Reichszuschuß anders festzusetzen. Die Gewährung des Reichszuschusses zu jeder Rente ist, wie schon in anderem Zusammenhange hervorgehoben wurde, auch damit begründet worden, daß durch diesen Zuschuß die alsbald eintretende Versicherung der älteren und der Invalidität schon nahestehenden Personen ermöglicht worden ist, ohne die Beiträge nach dem Lebensalter beim Eintritt in die Versicherung verschieden zu bemessen oder für alle Altersklassen zu erhöhen. Wollte man bei der Bemessung des Reichszuschusses diesen Gesichtspunkt in den Vordergrund stellen, so müßte man den Reichszuschuß, um die finanziellen Nachtheile der verschiedenen Altersgruppierung zu beseitigen, nicht mehr zu jeder Rente in Höhe von 50 ℳ gewähren, sondern man müßte diese 50 ℳ mit als Grundbetrag der Rente auffassen und durch die Versicherungsanstalten gleichfalls aufbringen lassen, den durch die Ungunst der Verhältnisse finanziell schlechter gestellten Versicherungsanstalten dann aber einen verhältnißmäßig höheren Betrag als Reichszuschuß zuwenden. Abgesehen davon, daß damit die vom Reichstag beschlossene Kontingentierung des Reichszuschusses aufgegeben werden müßte, spricht hiergegen, daß es außerordentlich schwierig sein würde, für die anderweite Abmessung des Reichszuschusses den richtigen Maßstab zu finden, zumal der Wegzug von Versicherten erst durch Umtausch der Quittungskarten bekannt wird und die während der Gültigkeitsdauer der Karten weg- und zugezogenen Personen nur durch Auszählen der Marken zu ermitteln wären. Hiernach stellt sich dieser Weg unter den zur Zeit bestehenden Verhältnissen als nicht gangbar dar.

Bei den Maßnahmen zur Beseitigung der bestehenden Unbilligkeit bei Vertheilung der Rentenlasten wird darauf Werth zu legen sein, daß ein befriedigendes Ergebniß auf thunlichst einfachem Wege erzielt wird. Ausgeschlossen wäre dies, wenn man etwa auf die im Gesetzentwurf vom 22. November 1888 für das Prämienverfahren vorgesehene Vertheilung nach dem Versicherungswerth der vom Rentenempfänger geleisteten Beiträge zurückgreifen wollte, ganz abgesehen davon, daß alsdann die Unbilligkeiten, wenn auch nicht in dem vollen Maße wie jetzt, bestehen bleiben.

Schon das jetzige Vertheilungsverfahren nach der Zahl und Höhe der den einzelnen Versicherungsanstalten zugeflossenen Beiträge bietet erhebliche Schwierigkeiten und erfordert einen großen Aufwand an Zeit und Arbeitskräften. Nach den geltenden Bestimmungen über die Vertheilung (§§ 89, 90, 92 des Gesetzes) muß für jede einzelne Rente, abgesehen von den aus § 160 a. a. O. erwachsenden Arbeiten, zunächst festgestellt werden, ob die den Rentenanspruch begründenden Quittungskarten Beitragsmarken verschiedener Versicherungsanstalten enthalten. Ist dies nicht der Fall, so findet nur eine Vertheilung zwischen dem Reich und der festsetzenden Versicherungsanstalt statt; im anderen Falle wird der nach Absetzung des Reichszuschusses verbleibende Restbetrag auf die einzelnen Versicherungsanstalten im Verhältniß der Höhe der ihnen zugeflossenen Beiträge vertheilt. Dies geschieht für jede einzelne Rentenzahlung alljährlich von neuem. Dabei sind, um zu einem in den Endsummen kontrolierbaren Ergebniß zu gelangen, welches den Zahlungsanweisungen der Versicherungsanstalten entspricht, die von der Post geleisteten Zahlungen nachzuprüfen und etwaige Abweichungen aufzuklären. Naturgemäß bedingt die alljährliche Prüfung und Verrechnung aller Einzelzahlungen eine große Zahl von Beamten, die bei der steigenden Zahl der Rentenempfänger noch fortgesetzt vermehrt werden müßten.

Diese weitläufige und kostspielige Vertheilung der Einzelzahlungen wird aber aufgegeben werden können, wenn man auf die Nachprüfung der von der Post geleisteten Zahlungen und sodann darauf verzichtet, die Vertheilung der Versicherungslast von der Beitragszahlung der *Rentenempfänger* abhängig zu machen.

Daß die Nachprüfung der Zahlungsnachweisungen der Post entbehrlich ist, dürfte nach den bisherigen Schlußergebnissen über die vom Rechnungsbureau des Reichs-Versicherungsamts nachgeprüften Rentenzahlungen unbedenklich sein. Hiernach wurden in den Jahren 1891 bis 1895 von der Post als gezahlt nachgewiesen 141 149 153,97 ℳ
und vom Rechnungsbureau zur Erstattung festgestellt 141 149 280,17 „
sodaß die Post . . . . 126,20 ℳ
mehr erstattet erhalten hat, als liquidiert wurden. Diese Abweichung ist so geringfügig, daß die hierzu verwendeten zahlreichen und kostspieligen Beamtenkräfte zu diesem Ergebniß in offenbarem Mißverhältniß stehen.

Daß aber auch die Vertheilung der Versicherungslast nach Maßgabe der Beitragsleistung der Rentenempfänger fortfallen kann, ergiebt folgende Betrachtung.

Das gesetzliche Kapitaldeckungsverfahren mit einem *für alle Versicherten ohne Rücksicht auf Alter und Gesundheit gleichen Beitrag* geht von dem Grundsatz aus, daß der bei Beginn der Versicherung vorhandene Bestand an Versicherten in Bezug auf Alter und Gefahr für Leben und Gesundheit im wesentlichen unverändert bleibt und den der Beitragsermittelung zu Grunde gelegten Durchschnittszahlen entspricht. Die anfangs vorhandenen Personen müssen während der Dauer ihrer Versicherung durch ihre Beiträge sämmtliche entstehenden Lasten decken. Folgerichtig müßten deshalb die im Laufe der Zeit aus dem Bezirk einer Versicherungsanstalt wegziehenden Personen, soweit sie nicht durch andere, eine gleiche Belastung bietende Personen ersetzt werden, die Beiträge zu ihrer früheren Versicherungsanstalt weiter zahlen, welche dementsprechend auch die durch diese Personen erwachsende Belastung zu tragen hätte. Thatsächlich entrichten aber die fortgezogenen Personen die Beiträge zur neuen Anstalt und tragen zu den Lasten der alten Anstalt nicht mehr bei. Da der Fortzug überwiegend jüngere Personen betrifft, die durch ihre Beiträge einen Theil der Lasten durch die älteren und kränklichen, unter den gleichen Bedingungen wie die jüngeren versicherten Personen mit zu decken haben, so gehen der alten Anstalt diese überschüssigen, zur Erfüllung ihrer Verpflichtungen nothwendigen Beitragstheile der jüngeren Versicherten verloren, während die neue Anstalt ihrer nicht bedarf und deshalb überschüssige Mittel empfängt. Soll bei der alten Anstalt das Gleichgewicht zwischen Leistung und Gegenleistung wieder hergestellt werden, so kann das geschehen, indem für die bei der alten Anstalt verbliebenen Versicherten die Beiträge um die entgangenen Beitragstheile der weggezogenen jüngeren Versicherten erhöht werden, oder dadurch, daß die neue Anstalt an den Lasten der alten Anstalt entsprechend den zugeflossenen, für sie überschüssigen Beitragstheilen der zugewanderten jüngeren Versicherten betheiligt wird. Die jetzige Vertheilung der Einzelrente nach den Beitragsleistungen des Empfängers dieser Rente kann hiernach zu einem der Billigkeit entsprechenden Ergebniß nach Lage der Sache nicht führen, zumal die Deckung der Einzelrente bei dem für alle Versicherten gleichen Durchschnittsbeitrag nicht von der Beitragsleistung des Empfängers dieser Rente, sondern von dem entsprechenden Antheil an den Gesammtbeitragsleistungen aller Versicherten abhängt. Nicht die von dem Rentenempfänger, sondern die von der Gesammtheit der Aktiven fortlaufend entrichteten Beiträge bilden eine gerechtere Grundlage der Vertheilung der Gesammtlast unter die einzelnen Träger der Versicherung. Aus den Gesammtbeiträgen der in den einzelnen Anstalten versicherten Personen nach Abzug der für dieselben gewährten Gegenleistungen entsteht das Vermögen der Versicherungsanstalten, und in dem jeweiligen Vermögensbestande der einzelnen Träger der Versicherung kommt die durch die Gunst oder Ungunst der Verhältnisse hervorgerufene finanzielle Lage jeder Versicherungsanstalt zum entscheidenden Ausdruck. Bei einer Vertheilung nach dem Vermögensbestande findet insbesondere die günstige Lage, welche einzelne Versicherungsanstalten infolge des überwiegenden Zuzugs jüngerer Versicherten und eines verhältnißmäßig geringeren Bestandes an Versicherten der höheren Altersstufen sich erfreuen, eine der Billigkeit entsprechende Berücksichtigung, während andererseits die in den örtlichen Verhältnissen begründete, von dem Verhalten der einzelnen Anstalt unbeeinflußte Benachtheiligung, welche andere Anstalten durch die ungünstige Altersgruppierung erleiden, wirksam ausgeglichen wird. Der jeweilige Vermögensbestand der einzelnen Träger der Versicherung ist also der Faktor, der der Vertheilung zu Grunde zu legen ist.

Bei der Vertheilung wird man zweckmäßig nur die aus Rentenbewilligungen entstehende Belastung heranziehen. Für die aus Beitragserstattungen (§§ 30, 31 a. a. O.) entstehenden Lasten dagegen wird von einer Vertheilung abgesehen werden können, da es sich hierbei im allgemeinen nur um verhältnißmäßig geringe Beträge handelt, deren Höhe selbst im Beharrungszustande nur auf etwa 16 % der Belastung anwachsen wird. Für die Vertheilung der aus der Rentenbewilligung entstehenden Lasten kann naturgemäß nur derjenige Theil in Frage kommen, der nicht vom Reich durch Zuschüsse zu den Renten (§ 26 a. a. O.) oder aus Rentenantheilen infolge militärischer Dienstleistungen (§ 28 a. a. O.) zu decken ist. Wie die auf das Reich entfallende antheilige Rentenlast festzustellen sein würde, ist in der angeschlossenen Denkschrift näher ausgeführt. Bei der Vertheilung ist zur besseren Ausgleichung zweckmäßig der Kapitalwerth der Rentenbeträge und nicht mehr, wie jetzt, die einzelne Jahreszahlung zu Grunde zu legen.

Die bestehenden Ungleichheiten und Unbilligkeiten in der Entwickelung der finanziellen Lage der einzelnen Anstalten würden beseitigt sein, wenn die Finanzgebahrung zu einem im wesentlichen für alle Anstalten gleichen Verhältniß der laufenden Verpflichtungen zu dem vorhandenen Vermögen führte. Dies würde ohne weiteres der Fall sein, wenn die Gesammtlast über die einzelnen

Versicherungsanstalten nach Maßgabe ihres Vermögensbestandes vertheilt würde. Eine solche Vertheilung empfiehlt sich aber nicht, weil dann den einzelnen Trägern der Versicherung kein genügender Anlaß zu sorgsamer Prüfung der Rentenanträge und zu sparsamer Verwaltung bleiben würde. Man wird also nur einen Theil des Rentenbetrages zur Vertheilung zu bringen, mit dem Rest aber die festsetzende Versicherungsanstalt vorweg zu belasten haben. Je niedriger der zur Vertheilung kommende Theilbetrag der Rentenlast gegriffen wird, desto größer wird naturgemäß der allein zu tragende Theil. Die zu erstrebenden gleichen Verhältnißziffern zwischen Verpflichtung und Vermögen der einzelnen Anstalten werden dann immer weiter auseinandergehen und für die finanziell schlechter gestellten Versicherungsanstalten immer ungünstiger werden, wenn nicht durch Beitragserhöhung eine Steigerung der Einnahmen bewirkt wird. Deshalb hängt die Festsetzung des zu vertheilenden Betrages wesentlich auch von den Einnahmen aus Beiträgen, somit von der Höhe der letzteren ab.

Nach der aufgestellten Bilanz ergiebt sich für die Gesammtheit der Versicherungsanstalten zur Zeit ein Ueberschuß der Aktiva über die Passiva. Es könnte daher in Frage kommen, ob es sich empfiehlt, diesen Ueberschuß der ersten Periode durch Mehrleistungen oder durch eine Herabsetzung der Beiträge für den Rest der ersten Periode aufzuzehren. Beides aber empfiehlt sich nicht. Die zur Bewilligung kommenden Einzelrenten und Beitragserstattungen steigen mit der Versicherungsdauer; der Kapitalwerth der alljährlich neu bewilligten Entschädigungen nimmt also von Jahr zu Jahr zu. Wollte man deshalb jetzt die Beiträge für den Gesammtdurchschnitt herabsetzen und so bemessen, daß sie für die erste Periode genau ausreichen, so würde dies zunächst zur Folge haben, daß vom Jahre 1901 ab wiederum eine Steigerung der Beiträge von Periode zu Periode bis über die doppelte Höhe ihres jetzigen Werthes hinaus eintreten würde, während nach der beigefügten Denkschrift bei Forterhebung des gegenwärtigen Durchschnittsbeitrags, der sich auf rund 21 ₰ für die Woche beläuft, eine Beitragssteigerung in den nächsten Jahrzehnten kaum erforderlich werden dürfte. Empfiehlt es sich schon aus diesem Grunde, eine Herabsetzung der Beiträge zu vermeiden, so sprechen gegen eine solche insbesondere auch die damit wachsende Gefahr für die Entwickelung der finanziellen Lage der ungünstiger gestellten, besonders land- und forstwirthschaftliche Betriebe umfassenden Versicherungsanstalten, eine Gefahr, deren Beseitigung voraussichtlich nur durch völlige Zusammenlegung aller Versicherungsanstalten herbeigeführt werden könnte.

Diese Folgen würden in noch höherem Grade eintreten, wenn man unter Beibehaltung der jetzigen Beiträge höhere Leistungen einführen und diese für die erste Periode durch den Ueberschuß decken würde. Denn für die späteren Perioden würde dann für die Deckung nicht nur der bisherigen, sondern auch der vermehrten Leistungen zu sorgen sein, da man doch schwerlich dazu übergehen könnte, die für den Rest der ersten Periode gesteigerten Leistungen später wieder herabzusetzen. Dies müßte aber vom Jahre 1901 ab zu einer weiteren Steigerung der Beiträge führen, die das Maß der für die bisherigen

Leistungen voraussichtlich erforderlich gewesenen Steigerung erheblich übersteigen würde. Es empfiehlt sich daher, die für die Gesammtheit aller Träger der Versicherung bestehenden, für die einzelnen Anstalten aber sehr verschiedenen Ueberschüsse der ersten Periode, an deren Stelle bei einzelnen Anstalten sogar ein Fehlbetrag tritt, weder zur Erhöhung der Leistungen noch zur Herabsetzung der Beiträge zu verwenden, sondern sie für den Mehrbedarf der späteren Perioden zu reservieren.

Wie hoch der gemeinsam zu tragende Theil der Rentenlast bei Forterhebung des jetzigen Durchschnittsbeitrags zur Erzielung eines befriedigenden Resultats zu bemessen ist, läßt sich durch numerische Berechnungen ermitteln. Auf Grund derselben sieht der Entwurf vor, daß jede Versicherungsanstalt dauernd mit einem Viertel der von ihr festgesetzten Renten selbst belastet wird, während drei Viertel auf die Gesammtheit aller Träger der Versicherung vertheilt werden sollen. Wie sich nach Maßgabe dieses Vorschlags die künftige Entwickelung der Finanzlage der einzelnen Träger der Versicherung voraussichtlich gestalten wird, ist in der beigefügten Denkschrift dargestellt. Jeder Versicherungsanstalt bleibt naturgemäß das bisher angesammelte Vermögen und die Verwaltung desselben; eine Schmälerung dieses Vermögens tritt nicht ein; auch fließen jeder Versicherungsanstalt die sämmtlichen Beiträge der in ihrem Bezirk versicherten Personen nach wie vor zu; nur werden die künftigen Rentenzahlungen gegenüber den bisher gezahlten Beträgen eine der Billigkeit entsprechende Verschiebung erfahren, welche auf das fernere Anwachsen des Vermögens von Einfluß ist. Das Defizit verschwindet in denjenigen Anstalten, bei denen ein solches bisher hervortritt; in allen Anstalten wird das Vermögen bis zum Beharrungszustande jährlich wachsen, die Zunahme wird aber in ihrer Höhe nicht mehr so erhebliche Unterschiede zeigen wie gegenwärtig. Eine allmähliche, dem Bedürfniß genügende Annäherung der finanziellen Ergebnisse der einzelnen Anstalten erscheint danach gesichert.

4) Sonstige Abänderungsvorschläge des Entwurfs.

Außer den bereits behandelten Vorschlägen, welche auf die Annäherung der einzelnen Zweige der Versicherung, auf die Vereinfachung und Verbesserung der Beitragserhebung auf Grundlage des Markensystems, sowie auf den wirksameren und in der praktischen Durchführung erheblich vereinfachten Ausgleich der Rentenlast unter den Trägern der Versicherung abzielen, enthält der Entwurf zahlreiche weitere Bestimmungen, die einzelne Zweifel und Unzuträglichkeiten bei der bisherigen Auslegung und Anwendung des Gesetzes vom 22. Juni 1889 beseitigen sollen.

Die wesentlicheren Abänderungsvorschläge sind aus der nachfolgenden Zusammenstellung ersichtlich:

Die bestehende Verschiedenheit in der Bestimmung desjenigen Maßes von Erwerbsunfähigkeit, welches die Versicherungspflicht ausschließt und deshalb von der Beitragsleistung entbindet, und desjenigen, welches den Anspruch auf Invalidenrente begründet, wird beseitigt. Der Entwurf geht in beiden Fällen von den gleichen Gesichtspunkten aus. Hierfür ist an Stelle der komplizierten und deshalb schwer verständlichen Berechnung des § 9 Abs. 3 des Gesetzes der in der Praxis leicht erkennbare Maßstab des ortsüblichen Tagelohnes (§ 4) beibehalten worden (§§ 4 und 9 des Entwurfs). Damit fällt auch der bisherige Begriff des Lohnsatzes (§ 23). Der im § 9 Abs. 2 des Gesetzes ausgesprochene Grundsatz, daß eine durch Unfall herbeigeführte Invalidität, vorbehaltlich einstweiliger Bewilligung der Invalidenrente, nur insoweit zu den Gegenständen der durch das Gesetz vom 22. Juni 1889 geregelten Versicherung gehören soll, als nicht auf Grund der reichsgesetzlichen Bestimmungen eine Unfallrente zu gewähren ist, wird aufgegeben. Es soll dadurch der schon im jetzigen Gesetz enthaltene Grundsatz außer Zweifel gestellt werden, daß vorbehaltlich der Vorschriften in den §§ 34 und 76 von den Trägern der Invaliditätsversicherung auch für eine durch Betriebsunfall verursachte Erwerbsunfähigkeit Invalidenrente zu gewähren ist (§§ 9 und 76 des Entwurfs).

Der für das System des Gesetzes bedeutungslose und nur aus der Entstehungsgeschichte des Gesetzes zu erklärende Begriff eines besonderen, vom Kalenderjahr abweichenden Beitragsjahres wird beseitigt und die Wartezeit für den Rentenanspruch auf eine runde Summe von Beitragswochen — für die Invalidenrente auf zweihundertzwanzig, für die Altersrente auf eintausendzweihundert Beitragswochen — bestimmt (§ 16 des Entwurfs). Dementsprechend ist auch die Zahl der als Voraussetzung des Anspruchs auf Beitragserstattung nachzuweisenden Beitragswochen in den §§ 30, 31 des Entwurfs herabgesetzt.

Die Bestimmungen über die Anrechnung von Krankheitszeiten als Beitragszeiten sind durchsichtiger gefaßt und die Fälle der an eine Krankheit sich anschließenden Rekonvalescenz der Krankheit gleichgestellt worden (§ 17 des Entwurfs).

Durch die Ausscheidung einer fünften Lohnklasse für diejenigen, bisher in die vierte Lohnklasse fallenden Versicherten, bei denen der anrechnungsfähige Jahresverdienst den Betrag von 1150 ℳ übersteigt, wird hochgelohnten Arbeitern und Betriebsbeamten der Erwerb einer ihren Verhältnissen entsprechenden höheren Rente gegen Entrichtung höherer Beiträge ermöglicht (§ 22 des Entwurfs).

Die besonderen Bestimmungen über die Berechnung der Altersrente fallen fort; die Altersrente wird, unter Beibehaltung der längeren Wartezeit, nach denselben Grundsätzen wie die Invalidenrente berechnet (§ 26 des Entwurfs).

Die Nachforderung von Rentenbeträgen bei verspätet erhobenen Ansprüchen auf Rente wird sachgemäß eingeschränkt (§ 29 des Entwurfs).

Das Verfahren bei Rückerstattung von Beiträgen an weibliche Versicherte, welche eine Ehe eingehen, und an hinterlassene Wittwen und Waisen Versicherter ist erheblich vereinfacht; die Voraussetzungen für die Geltendmachung des Erstattungsanspruchs sind zu Gunsten der Versicherten erleichtert (§§ 30, 31 und 95 des Entwurfs).

Die Zahl der Jahresbeiträge, welche nach dem Aufgeben des Versicherungsverhältnisses zur Erhaltung der aus demselben sich ergebenden Anwartschaft erforderlich sind, ist herabgesetzt und die Wartezeit für das Wiederaufleben einer erloschenen Anwartschaft auf zweihundertfünfzig Beitragswochen abgerundet (§ 32 des Entwurfs).

Die Entlastung der öffentlichen Armenpflege durch Uebergang des dem Empfänger der Armenunterstützung zustehenden Rentenanspruchs auf die unterstützenden Gemeinden und Armenverbände wird in höherem Maße, wie bisher, sichergestellt (§ 35 des Entwurfs).

Eine Dezentralisation der Verwaltung durch Errichtung örtlich abgegrenzter Sektionen bei den Versicherungsanstalten wird zugelassen (§ 51 des Entwurfs).

Den Ausschüssen der Versicherungsanstalten wird ein weitergehender Einfluß auf die Verwaltung, insbesondere auf gewisse, das Vermögen der Anstalten betreffende wichtigere Maßnahmen eingeräumt (§ 55 des Entwurfs).

Die Stellung des Staatskommissars wird im Sinne einer ausgiebigeren Kontrole der Versicherungsanstalten ausgebaut; auch wird den Aufsichtsbehörden der Versicherungsanstalten (Reichs- beziehungsweise Landes-Versicherungsamt) die Befugniß eingeräumt, die Mitwirkung des Staatskommissars bei Ausübung ihrer Aufsicht in Anspruch zu nehmen (§ 63 des Entwurfs).

Das Rentenfeststellungsverfahren wird durch Fortfall der obligatorischen Anhörung der Vertrauensmänner und der Krankenkassen, sowie des obligatorischen Gutachtens der unteren Verwaltungsbehörde beschleunigt (§ 75 des Entwurfs).

Im Hinblick auf den geringen Bildungsgrad und die Gesetzesunkunde vieler Versicherter wird davon Abstand genommen, daß die Berufung oder die Revision, um als rechtzeitig zu gelten, binnen der vorgeschriebenen Frist gerade bei der richtigen Stelle eingegangen sein muß (§§ 77, 80 des Entwurfs).

Die Festsetzung einer angemessenen Frist für die Zustellung der Ausfertigungen der schiedsgerichtlichen Entscheidung an die Parteien wird den in der Praxis wiederholt bemerkten Verzögerungen in dem schiedsgerichtlichen Verfahren begegnen (§ 78 des Entwurfs).

Die Bestimmungen des Entwurfs, daß von der durch das Schiedsgericht festgesetzten Rente nur die laufenden Beträge und nicht mehr, wie bisher, die seit dem Beginn des angeblichen Rentenanspruchs rückständigen Beträge vorläufig zu zahlen sind, daß andererseits die vorläufig gezahlten Rentenbriefe regelmäßig nicht zurückgefordert werden dürfen, tragen den Interessen der Versicherungsanstalten und der Versicherten gleichmäßig Rechnung (§§ 79, 80 des Entwurfs).

Die bei der freiwilligen Versicherung gegenwärtig erforderliche Beibringung theurerer Doppelmarken, bei denen der Werth des Zusatzbeitrags dem Reich zufließt, fällt fort; die freiwillige Versicherung wird nicht mehr auf die Lohnklasse II, wohl aber zeitlich auf das beim Einkleben der Marken abgelaufene letzte Kalenderjahr beschränkt. Die Befugniß zur freiwilligen Versicherung, verbunden mit einem Erstattungsanspruch gegen den Arbeitgeber bezüglich eines

Theiles der freiwillig geleisteten Beiträge, wird auch denjenigen Personen eingeräumt, welche zwar gegen Entgelt beschäftigt, aber aus besonderen Gründen der Versicherungspflicht ausnahmsweise nicht unterworfen sind (§§ 1a, 111a, 111b, 8 des Entwurfs).

Die Nachbringung von Beiträgen für die Dauer versicherungspflichtiger Beschäftigung wird auf die Zeit von vier Jahren seit der Fälligkeit beschränkt (§ 111b des Entwurfs).

Denjenigen Personen, welche wegen irrthümlicher Annahme einer Versicherungspflicht oder einer Berechtigung zur freiwilligen Versicherung Beiträge entrichtet haben, wird das Recht auf Erstattung des Werthes der geleisteten Beiträge zugestanden (§ 125 des Entwurfs).

Das Vermögen der Versicherungsanstalten soll in größerem Umfange, wie bisher, für die Verbesserung der Wohnungsverhältnisse der Arbeiter und für andere Wohlfahrtseinrichtungen nutzbar gemacht werden können (§ 129 des Entwurfs).

Zur Herbeiführung einer sachgemäßen und sparsamen Geschäftsführung bei den Versicherungsanstalten sind die Aufsichtsbefugnisse des Reichs-(Landes)-Versicherungsamts schärfer gefaßt; zugleich ist den Landes-Zentralbehörden die Genehmigung einzelner Beschlüsse der Ausschüsse und der Vorstände vorbehalten worden. Insbesondere wird der Aufsichtsbehörde auch eine Mitwirkung bei Feststellung des Jahreshaushaltsplans eingeräumt (§§ 131, 134a, 55a und 46 Abs. 4 des Entwurfs).

Die in der Praxis vielfach beklagten Härten der Strafvorschrift bezüglich der unzulässigen Eintragungen und Vermerke in den Quittungskarten werden beseitigt (§ 151 des Entwurfs).

Die Uebergangsbestimmungen des Gesetzes sind einfacher gestaltet und erleichtert. Insbesondere ist der für die Altersrenten auch fortan noch erforderliche Nachweis einer versicherungspflichtigen Beschäftigung als Berufsarbeiter kurz vor dem Inkrafttreten des Gesetzes zu Gunsten der Versicherten erheblich vereinfacht worden (§§ 156, 157, 158 des Entwurfs).

Druck der Norddeutschen Buchdruckerei, Berlin, Wilhelmstr. 32.

FSC
www.fsc.org
MIX
Papier | Fördert
gute Waldnutzung
FSC® C083411

Kolibri 360 GmbH
Ferdinand-Jühlke-Straße 7
99095 Erfurt, Deutschland
produktsicherheit@kolibri360.de